神怪日本史

古代篇

陈路　赵路　著

人民东方出版传媒
People's Oriental Publishing & Media
东方出版社
The Oriental Press

图书在版编目（CIP）数据

神怪日本史 . 古代篇 / 陈路、赵路 著 . — 北京：东方出版社，2022.11
ISBN 978-7-5207-2849-2

Ⅰ . ①神…　Ⅱ . ①陈…②赵…　Ⅲ . ①日本—历史—研究—古代　Ⅳ . ① K313.07

中国版本图书馆 CIP 数据核字（2022）第 114954 号

神怪日本史·古代篇

（ SHEN'GUAI RIBENSHI·GUDAI PIAN ）

作　　　者：陈　路　赵　路
责任编辑：李　森
责任审校：曾庆全
出　　　版：东方出版社
发　　　行：人民东方出版传媒有限公司
地　　　址：北京市东城区朝阳门内大街 166 号
邮　　　编：100010
印　　　刷：小森印刷（北京）有限公司
版　　　次：2022 年 11 月第 1 版
印　　　次：2022 年 11 月第 1 次印刷
开　　　本：880 毫米 × 1230 毫米　1/32
印　　　张：9.5
字　　　数：170 千字
书　　　号：ISBN 978-7-5207-2849-2
定　　　价：49.80 元
发行电话：（010）85924663　85924644　85924641

伊邪那岐（左）和伊邪那美两兄妹相爱相杀、反目成仇的故事中，最让人大惑不解的是，伊邪那美的恨意何以如此之深？不仅屡屡追杀自己的兄长兼曾经的爱人，甚至留下可怕的诅咒，连带日本列岛的人民也要因伊邪那岐的背叛，而世世代代承受死亡的命运？难道真的是因为兄长兼爱人的背叛让她蒙羞了吗？

建立大和政权的日本初代天皇——神武天皇。图中的神武天皇全身
洋溢着神性的光芒，敌人也被他的气势所震慑。但日本史书中所记
载的神武天皇并非一个英武之主，那么他是靠什么成为主君的？神
武天皇的建国传说，能够为我们了解早期日本国家的历史提供什么
有效信息呢？

开启"平安时代"的桓武天皇，是日本罕见的雄主，在文治武功方面都颇有建树。但是他却终生为怨灵作祟所困扰，一直生活在惶恐不安之中。怨灵作祟这些怪力乱神的故事背后，有着怎样的隐情呢？

这幅图所反映的是古代日本最著名的怨灵作祟事件之一——菅原道真怨灵雷劈皇宫大内的清凉殿。面对怨灵作祟，日本朝廷不是想法设法去降妖伏魔，而是卑躬屈膝地封官许愿。怨灵作祟为何愈演愈烈？朝廷何以如此软弱？

日本历史上，被称为菩萨者，唯寥寥数人。在整个奈良时代，获此美誉者唯行基一人而已。从一位被朝廷斥责的"小僧"，到成为朝廷封赐的僧团领袖"大僧正"，行基是如何做到的？从"独占佛光"到"佛光普照"，日本朝廷为何会有如此之大的转变？

最澄（左）与空海均是日本朝廷建立新的国家信仰体系的重要参与者。最澄创立比叡山延历寺，空海则创立了大名鼎鼎的"东密"，双方互相角逐，使得日本佛教教团日趋强大，这会对日本历史产生怎样的影响呢？

序一

林晓光（中央党校教授，历史学者）

　　学友陈路嘱我为他的新书写序，虽然这是学界常有的事情，却令我百感交集、心绪难平。

　　陈路之新作名为《神怪日本史·古代篇》，选题新颖、视角独特、阐发精到、论断公允，于司空见惯之世事史事中，发人之所未思未言，独辟蹊径、探幽烛微，超越前说窠臼，自成一家之言，令人耳目一新，此为惊也。留学东瀛不过数年，已有大作问世，好学如斯，精进如许，前途未可限量，此为贺也。留学异国，人地两生，学业繁重、生活繁忙，仍学而不厌、笔耕不辍，足见其刻苦学习、认真钻研、学而不厌，以及学业之成、学养之深，此为喜也。

　　其实，日本的"神怪政治"这个选题于我也是一个全新的课题。虽然在学界混迹沉浮多年，但不敢自诩有多么大的成绩值得自我标榜。因为向来秉持"知之为知之，不知为不知""有一分证据说一分话""大胆假设，小心求证"的学术理念和研究方法，对自己未曾研究或者未曾深入研究的学术领域，尽量不去好为人师、诲人不倦。遵陈路之托为本书作序，于我实在是撵鸭子上架，此为惶恐也。

不过，五味杂陈也好，心绪浩茫也罢，既然受人之托，总要成人之事，就算勉为其难，说的都是外行话，也不怕见笑于方家。既然为书作序，就要先看完全书，能先睹为快，而后掩卷长思，不也是一个难得的学习机会嘛！

在我几十年的史学生涯中，与"神怪政治"这一课题相关的文章不多，记忆中有一篇在大学历史系学习期间的习作稍有所涉及。记得那是一篇试图解读古籍中所载"誓词"与政治、军事、律法之关系的习作。古籍中关于古人在重大的政治、军事行动之前，或对天地立誓，或同三军共誓，或与友邦盟誓，此类记载比比皆是、不一而足。这应该也属于"神怪与政治"之关系的分析解读吧。

古人在万物有灵的自然崇拜时代，产生对超自然现象的信仰与膜拜，应该是众所周知的。天、神、怪，以及所有古人无法解读的自然现象，都具有无比的威力、莫大的魔力，使古人在重大行为付诸实施之前，都要求神问卜，得天意而定行止。

古人谓"国之大事，在祀与戎"，"祀"者，即古人与天一神—自然之间沟通的主要形式和重要途径。而通过"祀"所得到的"天意、神旨"，对怪异的解读，则成为政治行为或军事行动的指针或圭臬，并进一步印证"君权神授或王权天赐""受命于天"的合法性、权威性。难怪中国古代之史学大家司马迁写下千古名著《史记》，也自称是为了"究天人之际，通古今之变"。

本书作者指出："人类学的研究认为，在人类演化的过程中，最具革命性的突破，便是产生了'虚构出不存在事物'的想象力，也就是所谓的认知革命。这种想象力能够使人们将各种现实中存在或不存在的事物虚构成神祇或精灵，由此建构出图腾、宗教等信仰体系，以及各种咒术与祭祀仪式（秘仪）。由此，人们不仅可以组成超越血缘范畴的社群，甚至还能更为有序地组织生产活动。可以说，正是凭借这独一无二的想象力，人类才有机会建立其他物种难以企及的复杂社会组织系统，从而跃升至地球生态链的顶端。就此而言，我们的祖先对这些虚构的古老宗教信仰体系、咒术、祭祀仪式的建构，完全可以视为基于'理性'思考的现实选择。笔者甚至敢断言，即便是在充斥着现代理性主义的今天，这种虚构现实的想象力依旧在为我们建构共同体、组织社会活动等方面，持续不断地提供着必要的思想资源。"

正是基于这样一个原因或道理，正是从这样一个视角出发，即便进入了网络遍布、智能技术发达的现代，研究"神怪与政治"，以及文化传统、信仰体系与政治行为之间的关系，科学理性地去解释其中所蕴含的现实意义，为现实政治提供历史性、思想性的资源，也仍具有其合理性、必要性与学术价值。

而近在咫尺、一水之隔的日本，隋唐时代曾通过"遣唐使"大量吸收和学习中国文化和典章制度，其政治结构、政治制度的建构和演化的过程，与中国古代既有相似之处，也有其历史文化传统导致的独特之处。

皇室、将军、大名、武士等各种政治势力之间，为了捍卫、谋求或扩展利益，进行了连绵不断又复杂多变的政治博弈，也必定会产生各种各样的矛盾与冲突，于是在宫廷内外、城堡上下，形式多样甚至你死我活的流血斗争，层出不穷、屡见不鲜。但在彼此竞争的同时，各种政治势力又必须互相合作、互为依存，保持政治架构与社会生态的平衡和稳定，以免两败俱伤或同归于尽。

日本天皇制度的"万世一系""世代罔替"，恐怕就是其最为突出的特点。尽管天皇在日本历史上的大多数年代里，并无实质上治理管控国家机构的权力和行为，但无论其他政治势力如何强横与猖狂，都不敢挑战天皇的权威，反而必须"挟天皇才得以号令诸侯"。这或许也是皇权神授、神怪与政治的关系之略见一斑吧？

　　陈路的这部新书得以问世，诚为日本史研究界一大盛事，如能对学者和读者朋友都有所裨益，并引发一些思考、讨论与切磋，正是作者所希冀的，也是学术界该有之风气；果能引发进一步的深入思考，使研究领域扩展发散至更多的日本史课题，善莫大焉！

　　仅以此寥寥数语，祝贺陈路学友，并与史学界同道共勉！

序二　东瀛神怪世界的向导

刘根勤（资深媒体人、文史学者、作家）

赵路说，《神怪日本史》是他的第一本书，一定要我写序。幸何如之，勉为其难，首先想起我们相识的缘起。

认识赵路是在微博时期，具体时间已记不清了，只是感觉这位年轻人具有浓郁的"异次元"气质。不管是微博还是微信，他的马甲经常换，有时候叫"疏楼龙宿"，更多时候叫"赵希夷"，好在现在他也奔四了，马甲基本稳定为"赵路"。

看得出他玩游戏很多，对影视业与娱乐圈特别熟悉，常有惊人之语。比如学界中人迷恋"独立"与"深刻"的意象，他却评价我，不深刻，但是深厚。"深刻"是思辨的标准，但在儒家看来，刻，就容易薄，刻薄寡恩，深厚，就中和了思辨与道德两种审美，深入而厚道，已识乾坤大，犹怜草木青。

三年前我去北大讲课，一批学员请我在簋街上吃饭，我拉

他过来，那是我们第一次见面。他身材高瘦，面目清癯，有古
儒之相，但又有一些古灵精怪的味道，一如我对他的想象。他
在酒桌上大晒玄学与京圈八卦，知识结构之驳杂，令人瞠目。

2020 年底，他代表一家纪录片公司邀请我去北京录课，内
容是南宋时期的杭州生活，尤其是食物。他在北京时间久了，
对于策划与创意，有足够的认知与积累。

赵路是山西长治人，他的村子叫"奥治"，那里底蕴深厚，
但是现在不知道是什么样子。两年前他去江苏旅游，我安排我
的好兄弟刘治接待他，规格很高，他对江苏文化乃至整个南方
文化，超级认同。

我知道他会厚积薄发一鸣惊人，事实也是如此，他的处女
作，面前的这本《神怪日本史》即将在东方出版社出版，这无
疑是可喜可贺的。

认真读完，我想说，这是一本结合了知识性、趣味性、思
想性、实用性的历史普及型著作。

学界与文坛都认同一句话，日本人了解中国，远超于中国
人了解日本。无论是对于经典文物的汉学，还是关注当下的中
国学，都是如此。所以抗战之前，王芸生在张季鸾的鼓励下，
编著了《六十年来中国与日本》，成为中日关系学研究的典范。

日本与我老家江苏，隔着大海，但在地理、气候、人文、
风物上，有不少交集。那种环太平洋西岸的文化底色，依稀可

辨。但日本毕竟处于自身与中土、欧陆、北美交会的前沿，岛国的变态、儒学的深厚、西洋的突进，分裂融合，更加光怪陆离。

每个民族都有自己的神话，日本亦然。神话也是历史与民俗研究的传统正道。但相较于其他民族神话，比如中国、印度、希腊的宏大与正派，日本神话多了许多恐怖意味，鬼魅精怪的"戏份"极大。读了这些故事，不会像传统意义上学习神话与史诗，收到"崇拜"与"净化"的效果，更多是恐惧、厌恶、同情、怜悯这种接近"平等"的感受。所以学界，包括赵路自己，称之为"神怪"。

《论语》说"子不语怪力乱神"，但孔子自己说"鬼神之为德，盛矣乎"，"敬鬼神而远之"。孔子的态度，可谓无限接近中庸之道，既超越了古代人民对于超自然力量的恐惧与迷信，也达到了现代人的理性主义自信所不能比拟的境界。

通览《神怪日本史》，可以看出作者的功力与功夫，功力是平时的阅读积累，功夫是针对性的努力。从日本创世时伊邪那岐与伊邪那美这对兄妹的虐心之恋来看待日本式的永世诅咒，到屡败屡战的神武天皇东征，以这位不确定是否存在的天皇的种种平庸来分析日本皇族与豪族并存博弈的政治体制，到平安时期的各种凌驾于皇权之上乃至淫乱宫闱的鬼怪故事，再看看最后的参考文献，可以说本书的知识性与趣味性远远超越了坊间的大多数专业性历史著作。

　　赵路平时对中国中古史用力尤勤，喜欢研读钱穆、陈寅恪、唐长孺、田余庆、谷川道雄诸先生的作品。他评价日本文化，始终在古代与现代、理性与感性、日本与中国和欧美这组三角关系之间，保持了一种难得的清醒，达到了王国维在《人间词话》中说的"出乎其外，入乎其内"，也实现了钱穆先生所说的"温情与敬意"。这是赵路驳杂知识结构后的儒家本色。

　　至于实用性，不言自明，《神怪日本史》一书，对于相关题材游戏、故事片、纪录片的策划制作，无疑是难得的学术指导著作与灵感源泉。甚至，对于新时期的国际关系，尤其是开展"文化外交"，不无裨益。

目录

前　言

在现代日语中，"怪異"一词读作"かいい"或"けい"，除表示不可思议外，往往也指代一些人的智力难以理解的超自然现象（事物）。比如前几年火遍东亚地区的日本动画《化物语》系列，便使用"怪異"来形容各种妖怪鬼神。

在日本古代的典籍中，"怪異"一词多用以指代各种天变地异的自然现象。该词源自《汉书·董仲舒传》："国家将有失道之败，而天乃先出灾害以遣告之。不知自省，又出怪异以警惧之。尚不知变，而伤败乃至。"董仲舒认为君王若有失政之举，国内必会出现怪异、灾害等异常现象，以警示之。

这种天人感应的灾异学说传入日本列岛之后，迅速被日本早期国家所接受，并成为制定律令条文的主要依据之一。不过，相对于充满理性思辨色彩的灾异学说，古代日本人对怪异的认知，更具神秘色彩。虽然日本人也认为种种超自然的怪异现象与政治有关，但并未将怪异现象视为上天对君王的劝诫，而是将其理解成诸神或怨灵的愤怒，并相信唯有通过祭祀与秘仪来平息鬼神的怒火，才能消弭灾厄。

或许在长于理性思辨的现代人看来，古代日本人的这种认知，实乃怪力乱神之论，本不足以为智者道。尤其是在受现代理性主义支配的学术研究中，这类"封建迷信""不科学"的内容更被视为古人愚昧无知的表现，长期被排除在严谨的学术研究体系之外。

其实，这种弗兰肯斯坦式的傲慢，正是我们接近古人精神世界的最大阻碍。要知道，无论是在古代中国还是在近代以前的西方世界，相信世间万物皆由人类无法认知的超自然力量所主宰，是人们日常生活与政治生活中普遍存在的认知。以董仲舒为代表的中国知识精英，据此提出了天人感应的灾异思想和预言祸福的谶纬理论；以基督教神学家为代表的西方知识精英在很长一段时期内，将充斥着"奇迹"的《圣经》作为蕴含普世真理的唯一经典。美国第二任总统约翰·亚当斯（1735—1826年）在写给政治合作伙伴托马斯·杰斐逊（1743—1826年）的信中说："摆在人类面前的问题是，由自然之神依照自身的法则来管理世界，还是让国王与教士依照虚构的奇迹来统治？"要知道，亚当斯说这话的时候，已经是破除宗教神秘主义的启蒙运动兴起100多年后的19世纪初期。至今还没有彻底走出神话时代的日本就更不用说了。

在这里，笔者并不是要对现代学术体系进行批判，之所以喋喋不休地谈论古人对超自然现象的信仰，更多是出于一种"本位主义"，即强调从古人的精神世界来分析历史记载中的超自然现象，进而理解它们在古代社会生活与政治生活中的必要性。我们如果不把研究方式局限于单纯的训诂考据，而是尝试引入一些人类学的方法，就会发现即便是对这些子所不语的怪力乱神之论，也能够较为合理地解释其中的现实意义。

人类学的研究认为，在人类演化的过程中，最具革命性的突破便是产生了"虚构出不存在事物"的想象力，也就是所谓的认知革命。这种想象力能够使人们将各种现实中存在或不存在的事物虚构成神祇或精灵，由此建构出图腾、宗教等信仰体系，以及各种咒术与祭祀仪式（秘仪）。由此，人们不仅可以组成超越血缘范畴的社群，甚至还能更为有序地组织生产活动。可以说，正是凭借这独一无二的想象力，人类才有机会建立其他物种难以企及的复杂社会组织系统，从而跃升至地球生态链的顶端。就此而言，我们的祖先对这些虚构的古老宗教信仰体系、咒术、祭祀仪式的建构，完全可以视为基于"理性"思考的现实选择。笔者甚至敢断言，即便是在充斥着现代理性主义的今天，这种虚构现实的想象力依旧在建构共同体、组织社会活动等方面，持续不断地提供着必要的思想资源。

随着人类社会的演化与理性主义的发展，古老的诸神逐渐演化成唯一的真神，甚至现在连唯一的真神也开始被抹杀；充满神秘主义色彩的古老祭祀体系不是被理性的职业官僚体系所取代，便是被其驯服，只有很小一部分还在扮演着至关重要的角色。在这个"诸神已死"的时代，我们更有必要摒除弗兰肯斯坦式的傲慢，进入古人的精神世界，通过对他者的认知来探寻失落的古老记忆。特别是对我们中国人而言，这种思考尤为重要。

与其他文明相比，我们的政治精英[①]很早就远离了神秘主义的祭祀与咒术，而去拥抱理性主义，甚至不惜发起延续千年的反巫术运动。这种对理性主义的追求，让中国的精英比周边文明的同行更早发展出复杂的政治理论，组织起发达的官僚体系，长期而有效地统治着世界上最为庞大的中央集权国家。但是，这种充满普世色彩的理性主义，也导致精英们遗忘了古老的巫史传统。咒术、祭祀与秘仪除了为至高无上的皇权提供合法性外，实际上已无法再提供多少值得一提的政治性资源。这种对古老记忆的遗忘，使得精英们更习惯于以一套单一的、具有普世性与理性色彩的认知构架去看待世界，以至于忽视了异

---

① 在古代中国，政治精英往往也是知识精英，士大夫不仅支配着人们的日常生活，也致力于掌控人们的精神世界。

文化的差异。①

　　这种情况，在中国精英们对包括日本在内的周边国家的认识上，体现得尤其明显：他们一直将日本自称中华正统的行为视为一种沐猴而冠的僭越，但又何尝不是傲慢地将日本视为中华儒家文化的东洋分支？长久以来，他们对于日本历史的叙述，都充斥着极其浓厚的"中华本位"色彩。

　　不可否认，从东亚大陆输入的中华文化要素，自古以来便对日本文化的发展有着极其重要的影响，日本文化也呈现出不少中华文化的外观。但两相比较之下，我们可以很明显地发现：日本文化在本质上依旧停留在更为古老的神话时代。

　　以日本古代所编撰的史书为例。当时饱读儒家经史典籍的日本知识精英，将从中国输入的《史记》《汉书》《后汉书》称为"三史"，并参照其体例，编撰了《古事记》《日本书纪》《续日本纪》《日本后纪》《续日本后纪》《日本文德天皇实录》《日本三代实录》等七部史书。其中《古事记》虽为私修史书，但也为朝廷所认可，成为皇家历史教育的必读书（通常与《日本书纪》并称为"记纪"）；剩下的六部则为朝廷下令编撰的官修史书，被统称为"六国史"。

① 　其实古代中国的知识精英对于传统巫术的态度是很复杂的，他们在做决策的时候会优先采用理性主义。以治病为例，他们首先会通过医术解决病痛，只有在药石罔效的时候，才会想起巫术，这一点后文还会讲到。

虽然《古事记》与"六国史"皆参照"三史"体例编撰而成，但并未保留满是儒家说教色彩的世家、列传等部分，仅仅借鉴了本纪（帝纪）的编年体体例，而且即便是借鉴的这一部分，也没有"三史"中普遍存在的评论帝王功过的内容。不仅如此，相较于以人为中心建构历史叙述的"三史"，"记纪"中有大量篇章谈论诸神的时代，这部分内容后来被称为"神代史"或"记纪神话"。在整个《古事记》与"六国史"的历史叙述中，更是充斥着怨灵作祟、天变地异等"三史"中极少出现的怪力乱神之论。之所以会有这样的差异，其本质还是在于当时日本的政治形态比"三史"成书的两汉与刘宋时代的中华王朝更为"原始"。

很明显，"衣冠唐制度，礼乐汉朝臣"，更高层次的中华文明传播到日本后，日本人在学习的同时，还需要处理与本土古老传统的关系。以日本列岛政治逻辑为"用"，以中华文明叙事方式为"体"，就造成日本官修史书充满了荒诞不经的内容。

不过，仍需要注意，就现实层面而言，政治结构的演化过程，从来就不是单纯的立法与践行，而是极其复杂且多变的政治博弈。参与其中的政治势力为了捍卫或谋求利益，必定要产生各种各样的矛盾与冲突。

可日本又没有发生过类似中国改朝换代一样的剧变。这不能简单地以日本列岛的地理区位来解释，更深层次的还是各种政治集团、各个阶层之间没有一个优势特别突出的共同体，这让他们彼此竞争的同时又必须互相合作，从而使日本保持了平衡与稳定。

本书正是试图通过分析日本史书记载的一些充满神秘色彩的标志性事件，来探讨这种极具日本特色的政治博弈过程。

最后，需要指出，本书并不打算考证隋唐体制与古代日本政治体制间的异同，也无意评判双方的优劣，只是抱着"夏虫不可语冰"的自觉，来探求种种怪异事件中的日本古代政治逻辑与政教关系。如能对读者朋友有所裨益，并引发一些思考与讨论，便已不胜欣悦。

第一章　怪异立国

天皇存在的意义，或者说唯一被期待的，恐怕只有其高贵血统所赋予的祭祀职能。而具体的军政活动则由臣子负责，天皇要做的就是以自身权威赋予臣子们行动的合法性，无须参与具体的政治决策与运作。

在众多叙说人类早期文明的记忆中，神话传说是一个难以绕开的主题，人们总是试图从祖先最原始、直观、朴素地观察自然与社会的资料中，寻觅破译早期文明的密码。透过神话传说，我们不仅可以了解一个文明早期的发展轨迹，甚至有可能探知其原生性格。

以中国为例，神话传说可分创世、自然灾害、战争三种类型。在这些神话中，人是永恒主题。几乎每个中国神话，都在歌颂华夏先民不屈不挠的意志、人定胜天的智慧，少有宿命论、神灵作祟等色彩。

但在邻国日本，神话却呈现出一种截然不同的样子。

一 大地母神的诅咒

日本创世神话，甫一开篇，并未细说开天辟地、创造世间万物的过程，而是通过一对兄妹神的禁断之爱，来讲述日本列岛诞生的故事。就此而言，将日本的创世神话称为"国土炼成神话"也不为过。

更为奇特的是，日本的国土炼成神话，不仅以悲剧收场，更连累日本这个文明遭受永世的恐怖诅咒。

日本诞生与伊邪那岐的黄泉之旅

据记纪神话记载，天地初成之时，众天神派遣伊邪那岐与伊邪那美兄妹下界，炼成国土。兄妹俩下界后互生情愫，并交合诞下大八岛国（日本列岛的一部分）与诸神。然而正当这对兄妹沉浸在爱情之中无法自拔、埋头造神时，一场悲剧却不期而至。

伊邪那美在生产火神迦具土时，为火神烈焰所炙伤，不久便在伤痛中撒手人寰。深爱妹妹的伊邪那岐悲痛万分，不仅在伊邪那美的尸身旁哭泣不已，甚至迁怒于诞生不久的火神迦具土，斩下了这个新生儿的头颅。

由于始终无法平复内心的伤痛与对妹妹（妻子）的思念，伊邪那岐遂决心奔赴黄泉之国，接回心爱的妹妹（妻子）。然而伊邪那岐不曾想到，这个决定将会导致自己与爱妻的彻底决裂。

《古事记》中对伊邪那岐的黄泉之旅是如此讲述的：

欲见其妻伊邪那美命①，因追往黄泉之国。伊邪那美命从关闭着的殿门中出来迎接，伊邪那岐命亲切地说道："我美丽可爱的妻子啊！我和你所造的国土尚未完成，快回来吧。"伊邪那美命答道："可惜你未能早些来，我已吃过黄泉灶火煮的食物了。

---

① "命"是日本人对神灵或贵人的尊称。

曾经美满和睦的伊邪那岐与伊邪那美

可是，我亲爱的丈夫啊！承蒙你入此地来迎，我愿随你回去，且容我去与黄泉之神商议，你切勿窥视。"

　　到这里为止，这对兄妹还保持着对彼此的深情切义，如果是童话故事，结局应该是黄泉之神被这对兄妹的深情所感动，让二人再续前缘。然而，成人的世界毕竟不是美好的童话，故事的发展很快便急转直下。

　　伊邪那岐见心爱的妹妹久久未能返回，心焦难耐的他不顾与妹妹的约定，折断头上所戴木梳上的一齿，将之点燃，借助火光向里间窥视。在火光照耀下，哪还有妹妹妩媚可爱的身影，分明是一具浑身缠绕着蛆虫与八雷神①的可怕腐尸。如此丑恶的身姿让伊邪那岐惊恐不已，立马将对妹妹的爱恋抛到九霄云外，一心只想逃出黄泉之国。惊慌之下，他甚至忘了与曾经的爱人告别。

兄长兼爱人的背叛，令伊邪那美羞愤不已。这位有着无上力量的大地母神，绝非隐忍贤淑的大和抚子。她先是怒斥兄长让自己蒙羞，再派出黄泉丑女、八雷神、黄泉军去追逐伊邪那岐，最后亲自出马，与曾经的爱人做一了断。

为了摆脱伊邪那美的追赶，伊邪那岐取千引之石堵塞黄泉比良坂。二神隔巨石相对而立，互致诀别之词。伊邪那美命曰："我亲爱的夫，既已缘绝，我必每日绞杀你的国人一千。"伊邪那岐乃答道："我亲爱的妻，你若如此，我必每日建产室一千五百所。"由此，一日之中必有一千人死，又必有一千五百人生。

这则两兄妹相爱相杀、反目成仇的故事中，最让人大惑不

---

① 所谓八雷，即日本人将雷的八种形态灵异化后而成的八位精灵。大雷（オオイカヅチ）："大"表示其威力，"雷（ヅチ）"即为神灵之意。火雷（ホノイカヅチ）：意表伴随着雷的火光。黑雷（クロイカヅチ）：雷鸣时天色昏暗之意。拆雷（サクイカヅチ）：落雷劈开物体之样貌，其中"拆（サク）"本义为裂开，代表女阴裂缝。若雷（ワカイカヅチ）："若"在日语里表示年轻，故代表年轻旺盛之力。土雷（ツチイカヅチ）：落雷降至大地之样貌。鸣雷（ナルイカヅチ）：表示雷鸣声。伏雷（フスイカヅチ）：表示雷潜伏在云层间的样貌。

解的是，伊邪那美的恨意何以如此之深？她不仅屡屡追杀自己的兄长兼曾经的爱人，甚至留下如此可怕的诅咒，连带日本列岛的人民也要因伊邪那岐的背叛，而世世代代承受死亡的命运。难道就是因为兄长兼爱人的背叛让她蒙羞了吗？恐怕不会如此简单。

被放逐的大地母神

如同历史记载一样，神话作为承载人类文明记忆的媒介，会由于当权者的各种需要而遭到篡改。比如在印度史诗《摩诃婆罗多》中，编撰者为捍卫种姓制度①，便篡改了与苏多②出身的大英雄迦尔纳相关的诸多内容。再如希伯来人的原始信仰体系本来是多神信仰，但在转变为一神体系之后，便在《希伯来

① 种姓制度，曾经普遍存在于南亚地区，最知名的当属印度。古印度的种姓制度将人分为四个不同等级：婆罗门、刹帝利、吠舍和首陀罗。简略而言，婆罗门为僧侣阶层，刹帝利为世俗贵族，吠舍为商人，首陀罗为农民等贫苦大众。这种以职业基础形成泾渭分明的阶层壁垒，各个等级实行内部通婚，是谓种姓。各个种姓依据所居地域不同形成许多次种姓，层层衍生，在基层聚落形成聚落种姓。由于种姓是世袭的，几千年来，种姓制度对人们的日常生活和风俗习惯影响深远，种族歧视至今仍未消除，可以说种姓制度是了解印度次大陆历史的最重要切口。
② 苏多为印度种姓之一。在种姓制度中，低种姓的男人不能迎娶高种姓的女子，否则所生下的后代，会被降为比夫妻双方更低的种姓。而苏多便是刹帝利男性娶更高种姓婆罗门女子所产下的后代，只能从事车夫、诗人等职业。

圣经》中将本为沙漠之神的雅威[1]塑造成唯一的神，并将其他神灵的存在抹除。

然而，篡改并不简单，无论怎样用心，都会留下蛛丝马迹。

在《摩诃婆罗多》中，关于大英雄迦尔纳的记载，就存在相互矛盾、前后逻辑不连贯的问题，能让人很明显地觉察到篡改的痕迹。[2]而在《希伯来圣经》中，编撰者对于其他神灵的存在，虽然抹除得颇为彻底，但在《创世记》的篇章中，依旧残留有若干信仰的痕迹。[3]

连以思辨逻辑著称的印度人和开创了一神信仰体系的犹太人，都无法将古老的神话篡改得天衣无缝，更不用说连带有思辨色彩的神学体系都无法建立的古代日本人了。

---

[1] 雅威（Yahweh）是《希伯来圣经》中希伯来人对造物主、最高主宰、天主、上帝、耶和华的称呼。

[2] 以经典的无尽纱丽事件为例，在《摩诃婆罗多》中，当持国的儿子毗迦尔纳论述黑公主德罗波蒂是自由人时，受到迦尔纳的斥责。但是毗迦尔纳的存在本身就充满了疑点。迦尔纳的全名为毗迦尔多纳·迦尔纳，这是一个梵语中的双关语，既是"切割身体和耳朵的人"，又代表"太阳神之子迦尔纳"，而迦尔纳本身作为梵语单词则是"耳朵"的意思，而毗迦尔纳的意译则是奇耳。因此毗迦尔纳极有可能是毗迦尔多纳·迦尔纳的简称。也就是说，《摩诃婆罗多》的编撰者极有可能是为了抹黑迦尔纳，而利用迦尔纳名字的简称生造出这样一个人物，来切割一些迦尔纳比较正面的事迹。关于无尽纱丽事件，参见金克木、黄宝生等人译：《摩诃婆罗多》（1）"大会篇"，中国社会科学出版社，2005 年。

[3] 比如雅威在计划扰乱人们建造巴别塔的宏伟抱负时，所使用的自称并非第一人称"我"，而是第一人称复数"我们"。参见香港圣经公会编译：《圣经和合本（修订版）》创世记篇，香港圣经公会，2011 年。

记纪神话中确实有不少充满疑点的桥段。

据《古事记》记载：伊邪那美与伊邪那岐下界后，伊邪那美先开口向伊邪那岐求爱，并交合产下他们的第一个孩子——水蛭子（ひるこ）。但水蛭子有先天缺陷，二人便把他放入草船之中流放了。随后这对兄妹向天神询问生产不顺利的原因。天神认为女方先开口求爱不吉利，让他俩改换一下求爱顺序。于是，他们按照天神的意见，由兄长伊邪那岐先开口求爱，终于顺利诞下大八岛国与其他神灵。

这段记载至少有两个可疑之处。

为何女方先开口求爱会成为不祥之兆，甚至导致产下有先天缺陷的婴孩？

通常的解释是，为强调男权，才会加上女方先开口会产下有缺陷的婴孩的说法。但是这种解释却无法说明为何日本神话将女神天照大神作为皇祖神①。如果要强调男权，以男神作为皇祖神岂不更为合理。

更何况《古事记》成书的和铜五年（712年），正值元明女帝在位。《古事记》本身，也是太安万侣为献给元明女帝而编撰的。此外，自元明女帝开始，一连四位天皇，除圣武天皇外，元明、元正、孝谦（称德）三位天皇皆为女帝。在女主称制的

① 皇祖神，即日本皇室的祖先神，也是日本民族的始祖神。在日本神话中，没有其他神话中的至高神、众神之主一类的存在。

政治环境下，很难想象作者会为宣扬男尊女卑而篡改神话。

更可疑的是水蛭子这个名字，日语里的发音为"ひるこ"，汉字也可写作"日灵子"。而日本的皇祖神天照大神的别名大日灵女贵的发音为"おおひるめのもち"，去掉前后作为尊称的结尾词，则为"ひるめ"，汉字可写作"日灵女"，与"ひるこ"，也就是"日灵子"刚好形成对应关系。

那么，被流放的水蛭子，有没有可能是作为"日灵女"，也就是后来的皇祖神天照大神的配偶神而诞生的呢？如果这一推论成立，水蛭子就不可能是一位有先天缺陷的怪胎，更不会因此被流放。要厘清这个问题，必须搞清楚这位被抹除了存在的极其神秘的"日灵子"究竟是谁，在记纪神话中是否有关于他的信息。

巧合的是，在记纪神话中，刚好有这么一位与天照大神关系暧昧却被流放的男神，他便是天照大神的弟弟须佐之男。

据《古事记》记载，天照大神与须佐之男是伊邪那岐自黄泉之国回来后，被除污秽时所诞下的姐弟神。但奇怪的是，须佐之男这位在伊邪那岐、伊邪那美决裂后，从伊邪那岐身上分裂出来的神，却认伊邪那美为母，并且因为思念从未见过的母亲伊邪那美而痛哭不已，闹着要去根之国也就是黄泉之国找母亲。其啼哭之声甚至导致天地异变，群妖乱舞。被搞得心烦意乱的伊邪那岐，一怒之下便将根之国赐予须佐之男，并将他赶走。

天照大神

须佐之男

　　然而，须佐之男在获得根之国后，所干的第一件事却并非黄泉会母，而是跑去高天原找姐姐天照大神，甚至还留下来与姐姐盟誓生子。虽然在记纪神话中，这对姐弟并未通过交合，而是以打碎对方所持的神器十拳剑与琼勾玉的方式诞下三位女神与五位男神，但随后的剧情发展却颇有意思。

　　须佐之男自从与姐姐天照大神盟誓生子后，便赖在姐姐所统治的高天原不走，还成天搞一些破坏农田、污染供奉的谷物之类的恶行，也就是记纪神话中所说的"天津罪"[1]。但是天照

---

① 津（つ）即现代日语中的接续词の，天津罪也即天之罪，为日本实行律令制之前的大罪，通常与农业耕作有密切关系。与之相对的则是国津罪，多为与社会秩序相关的大罪。

须佐之男将天马扔进天照大神的织房

大神不仅没有怪罪弟弟，反而屡屡为其开脱。最终，无所忌惮的须佐之男搞了个大新闻。

话说有一天，须佐之男竟然将一匹剥去皮的天马从房顶扔入纺织屋中，吓得织女在惊慌中被纺梭刺中阴部而死。但在《日本书纪》的版本中，受惊吓而被纺梭刺伤阴部的并非织女，而是天照大神。考虑到一直包容弟弟的天照大神竟然因此事而堕入天岩户，导致天地因失去太阳而陷入一片黑暗，《日本书纪》的说法可能更为合理。

值得注意的是，在神话传说中，纺梭刺伤阴部的情节，通常是隐喻性暴力。我们有理由推断，天照大神与须佐之男这对姐弟，恐怕也曾发生过性关系。甚至这对姐弟盟誓生子的情节，恐怕也是对其结婚生子的改写。否则就难以解释本应前往根之国的须佐之男为何留在姐姐所治理的高天原不走。

写到此处，笔者不由得猜想，"记纪"的编撰者是否在须佐之男身上嫁接了被抹除存在的日灵子（ひるこ）的事迹呢？

如前所述，从日语的发音来看，一开始就被流放的水蛭子

（日灵子）才是被称为日灵女的天照大神的配偶神。虽然《古事记》并未提及水蛭子被流放的原因，但《日本书纪》却记载水蛭子有肢体缺陷，以至于三岁还无法站立。有趣的是，众神后来决议放逐须佐之男时，还对其施加了切除须发、拔除手足指甲的惩罚。这意味着须佐之男在被放逐出高天原后，也有着肢体上的缺陷。更为巧合的是，在《日本书纪》中，水蛭子并非伊奘诺尊①与伊奘冉尊②的第一个儿子，而是在生下天照大神与月读命之后，才产下水蛭子，然后素戋鸣尊也就是须佐之男才降生。

这些迹象无疑表明被剥除神灵身份并被放逐的，很可能并非须佐之男，而是被称为水蛭子的、天照大神的配偶神日灵子。

问题来了，为何日灵子会被放逐？这与伊邪那美的怨念又有着怎样的关系呢？

在这里，苏美尔－阿卡德神话中众神之母提亚玛特的故事可以拿来作为参考。

据《巴比伦史诗》记载，甜海阿普苏（Apsu）与咸海提亚玛特（Tiamat）创造世界，并生育众神。但年轻诸神的喧闹扰得众神之父阿普苏难以入眠，心烦意乱的阿普苏决心消灭年轻诸神以求得安宁。但深爱子女的提亚玛特，却试图劝阻丈夫的

---

① 即《古事记》中的伊邪那岐。
② 即《古事记》中的伊邪那美。

暴行。然而让提亚玛特意想不到的是，年轻诸神在听到风声后，不仅先下手为强，残忍杀害了阿普苏，甚至开始袭击她这位众神之母。

于是提亚玛特决定反击，不仅制造出各种可怕的魔物，还赐予其最为忠诚的孩子金古命运之牌，赋予其无上的力量来对抗年轻诸神。然而这一切终究是徒劳的，提亚玛特被击败，并被残忍地分尸以创造天地万物；金古也被擒获，背负着煽动提亚玛特挑起战争的罪名而被杀害，其血液被与泥土混合，从而创造出了人类。人类因为混有被视为恶魔的金古之血，自诞生之日起，便背负了原罪。

提亚玛特的故事，虽然与日本的记纪神话几乎毫无关系，但却揭示出诸多创世神话中的一个重要命题，即诸神如何完成世代交替。在以巴比伦神话为代表的创世神话中，世代交替通常是以血腥杀戮来完成的。失败的原初之神，不是如提亚玛特夫妇一样被残忍杀害，便是如同克洛诺斯①一样被封入地狱。

不过，在日本的国土炼成神话中，却看不见这种血腥而暴力的世代交替。

---

① 克洛诺斯，希腊神话中"众神之王"宙斯的父亲。是希腊神话第一代神王天空之神乌拉诺斯和大地女神盖亚的儿子。他推翻并阉割了他的父亲，旋即被父亲诅咒，他也同样会被自己的儿子推翻。后来，果然应验，宙斯确实推翻了克洛诺斯。

　　有不少日本人据此认为，这种平和的交替，正是日本文明的独特性之所在。但实际上，日本历史中的世代交替，往往与其他文明一样，充斥着阴谋与杀戮。别的不说，就在《古事记》的作者太安万侣所生活的时代，日本皇族内部便爆发过一连串残酷的内斗，不少皇族与贵族惨遭杀戮。在这种政治背景下，很难想象诸神的世代交替会一片和谐。

　　要知道人类除了合作，还存在竞争，即便是在记纪神话中，权力的交替也充斥着血腥的杀戮。比如在有名的大国主①让国神话中，大国主之子建御名方便因抗拒高天原诸神而惨遭杀戮。

　　更为可能的是，记纪神话中的世代交替，也如同其他创世神话与现实政治一样，充斥着各种阴谋与暴力。但记纪神话的编撰者，出于某种不便明言的政治目的，对黑暗的内容进行了篡改，制造出和平交替的假象。

　　如果此假说成立，伊邪那美与日灵子（须佐之男）这对母子的遭遇，恐怕与提亚玛特、金古母子类似，皆为诸神世代交替中的牺牲者。如此，也不难理解伊邪那美何以会有如此强烈的恨意，竟会对生者发出永世诅咒。

---

①　大国主神是统治苇原中国的主神，天照大神为统治苇原中国，接连派遣天忍穗耳命、天菩比神天若日子降临，皆未成功，后来派遣建御雷神、天鸟舟神来到出云国的伊佐小海滨，拔出十拳剑，质问盘腿而坐的大国主神，大国主神把责任推给两个儿子——事代主神与建御名方神，建御雷神一一降服二神，大国主神才将国家让给天照大神。

然而，伊邪那美的诅咒在发泄着强烈恨意的同时，也宣示着她与提亚玛特以及诸多失败之神的不同之处，那就是，伊邪那美并未因权力斗争中的失败与被放逐而失去力量。

阴魂不散的被放逐者

在希腊神话中，以克洛诺斯为首的泰坦诸神，在失败后被宙斯放逐到塔尔塔洛斯——亡者的国度。

为什么亡者的国度会成为失败诸神的归宿？

这恐怕是由于在古希腊人的认知中，人一旦死亡，便与生者再无联系，亡者不过是没有意识的躯壳。如同《奥德赛》中死去的英雄阿喀琉斯对奥德修斯所言："为何你敢来哈迪斯的死亡国度，这里只有行尸走肉和孤魂在徘徊。"

在希腊神话中，亡者的国度与生者的世界截然不同。生者虽然可以不时侵入亡者的国度，但亡者却再也无法影响生者的世界。因此宙斯将以克洛诺斯为首的泰坦诸神放逐到塔尔塔洛斯——亡者国度的最深处，即宣示泰坦诸神的彻底灭亡，也预示这些古神再也无法对生者的世界施加任何影响。

不仅希腊神话如此，在北欧神话中，死者有两个去处：奥丁所中意的勇者将会前往瓦尔哈拉，为末日决战做准备；剩下的亡者则前往女神赫尔所支配的赫尔海姆，一旦进入赫尔海姆，即便是光明神巴尔德尔，也无法重返生者的世界。

而在苏美尔 – 阿卡德神话中，女神伊什塔尔因为轻率地闯入阴间，不仅遭受了严苛的刑罚，甚至被困其中无法脱身，直到以丈夫的生命作为交换条件，才被允许重返生者的世界。

这些神话虽然内容各不相同，却都宣示着相同的主题，即亡者的国度是一个极其独特的存在，一旦进入，则很难重返生者的世界。故而在这些神话中，亡者虽令人畏惧，但无法离开亡者的国度，更谈不上对生者的世界进行任何干涉。

然而在记纪神话中，身处黄泉之国的伊邪那美，虽因千引之石的阻隔，难以重返生者的世界，却并不能妨碍这位大地母神通过永世的诅咒来对生者的世界施加可怕的影响。

值得注意的是，伊邪那美之所以有能力对所有生者施加永世的诅咒，除其作为大地母神而拥有的神力之外，更关键的恐怕是获得了黄泉之国所蕴含的强大力量的加持。

《古事记》中记载，伊邪那岐逃离黄泉之国后所做的第一件事，就是举行祓除仪式，以清洗在黄泉之国沾染的污秽。

日语中，污秽读作穢れ（けがれ），除了肮脏、不净，还有罪行、忌讳之事等意思，甚至可以与各种灾异直接挂钩，译作凶秽更为恰当。换言之，日本文化中的凶秽通常被视为能够威胁到人世秩序的存在。故而，祓除凶秽，除保持清洁外，也意味着通过消除干扰世间的"恶"，以维持人世秩序的安定。①

而黄泉之国的凶秽，由于与死亡有着直接的联系，蕴含着足以威胁甚至颠覆人世秩序的力量，所以伊邪那岐才不得不立刻加以袚除。获得了如此强大力量加持的伊邪那美，再加上作为大地母神的神力与深重的怨念，不难想象其所立下的诅咒对生者而言是何等的可怕。

进而言之，伊邪那美的诅咒、黄泉之国的污秽，无不反映出古代日本人对于亡者的恐惧。与古希腊人、维京人不同，在日本人看来，亡者不仅不会因为前往黄泉之国而成为无法干涉生者世界的游魂，反而会因为获得黄泉之国所蕴含的凶秽之力，拥有生者所不具备的超自然力量。如果不能妥善镇抚亡者，那么亡者就会像伊邪那美一样，向生者的世界降下巨大灾难。

这种对亡者的恐惧与早期日本国家的独特政治结构相结合，便绘制出一幅充斥着怪异②的历史画卷，并塑造了日本天皇与诸多文明的君王截然不同的政治性格。

---

① 当然，凶秽观念绝非单纯的迷信。日本列岛似乎是一个非常容易遭受瘟疫侵袭的地区，故而在这里生息繁衍的人类不得不想方设法应对瘟疫。在缺乏先进医疗技术的古代，凶秽观念与袚除凶秽保持清洁的祭祀仪式，无疑能够在很大程度上防范瘟疫的传播。

② 怪异，在汉语中多为奇异、反常之意。但在日语中，怪异（かいい）更多是指超自然的存在。无论是怨灵作祟还是神灵、鬼怪，大都可以归入"怪异"的范畴。

二 神武东征

提到日本天皇，人们会想当然地认为他是一位类似于中国皇帝的世俗统治者。我们中国人很少会把秦皇汉武视为神话传说中的人物，而日本天皇的世系，不仅可以直接追溯到记纪中的国土炼成神话，甚至最初的几位天皇与日本建国的记载，也充满了神话色彩。很明显，日本天皇与中国皇帝，是截然不同的两类统治者。

这一点，我们从初代天皇神武天皇身上就可以感受到。

神武天皇的真实性

任何一个民族的神话，都会浓墨重彩地宣扬本民族始祖的个人魅力。拿华夏神话来说，三皇五帝不仅拥有与天地万物沟通的能力，还具备非凡的智慧、过人的胆识与武艺以及充沛的精力。即便是完全过滤掉这些华夏先祖身上的神话色彩，他们仍然是英雄般的人物。

轩辕黄帝征讨蚩尤的战争，并非一帆风顺，而是充满了艰难险阻。但黄帝却能突破重重阻碍，最终战胜强大的蚩尤。这不仅凸显了黄帝非凡的智慧与武力，更彰显其百折不挠的品质。

这样的先祖，让华夏民族发自内心地崇拜，先祖的丰功伟绩，成为凝聚民族向心力的源泉。

在日本的记纪神话中，也有类似于中国黄帝的角色——神武天皇。

据记纪神话记载，神武天皇通过征服大和地区的豪族，建立了大和政权，成为日本初代天皇。但这位身上洋溢着"克里斯玛"（超凡的个人魅力）的日本建国者，却罕有值得一提的英雄事迹，远不能与轩辕黄帝比肩。

不仅如此，甚至连神武天皇存在本身都一直充满了争议。

明治维新后，在官方意识形态皇国史观影响下，宣扬神武天皇乃建国圣君，并将《日本书纪》所记载的神武天皇登基日指定为日本国家建立的纪念日。但以津田左右吉①为代表的一部分历史学者，却敢于公然质疑神武大皇的存在。

日本战败后，奉行马克思主义唯物史观的历史学派获得日本历史学界的主导权，他们推崇津田史观，认为神武天皇和神

① 津田左右吉（1873—1961年），日本历史学家，因提出否定记纪神话的津田史观，而在日本学界引发极大争议。1945年后开始享誉日本学术界，1947年成为日本学术院院士，1949年被天皇授予文化勋章，1951年获文化功劳奖。代表作为《日本古典研究》。津田去世后，其论著被结集为《津田左右吉全集》全28卷，别册5卷，补卷2卷，由岩波书店于1963—1966年出版。

武东征完全是人为建构的产物。[①]

20 世纪 70 年代以后，日本马克思主义历史学派受到越来越多的质疑，以松前健[②]为代表的历史学者开始重新审视神武东征，讨论其中所蕴含的历史信息；田中卓[③]更是对津田史观进行了极其严厉的批评。

神武天皇及其东征虽然依旧充满争议，但是因之衍生出来的神话中所蕴含的反映日本早期历

日本第一次人口普查报告（1920年）封面上的神武天皇形象

史真实风貌的内容却是毋庸置疑的。归根到底，作为储存人类社会记忆的载体之一，神话不可能是纯粹的虚构，而是对真实世界的扭曲印象。

更何况对于没有走出神话时代的古代日本社会而言，在当

---

① 有趣的是，津田史观的提出者津田左右吉本人却拒绝与马克思主义历史学者为伍，甚至在否定神武东征事实存在的同时，按照神武东征中所透露的政治逻辑去理解大和王权的诞生。参见田中卓：《日本建国与邪马台国》，国书刊行会，2012 年，第 216—256 页。

② 松前健（1922—2002 年），日本宗教学者，神话学者，历任天理大学教授、立命馆大学教授、奈良大学教授。代表作为《日本神话的新研究》。

③ 田中卓（1923—2018 年），日本古代史学者，曾任皇学馆大学校长。

时被视为史书的记纪神话，还承载着叙述大和王权存在的合法性、言说其运作的政治逻辑等重要使命。

因此，相较于对神话实在性的训诂考据，透过神武东征这则神话，了解其中所体现的政治逻辑，进而触及日本早期国家权力构造的核心所在或许更为重要。

屡战屡败的神武东征

据《日本书纪》记载，神武天皇 45 岁时，听一个叫盐土翁的人说东方有块肥得流油的福地，十分心动，于是召集兄弟与大臣们商议后，决定发起东征。

征服行动，除了超强的动员力外，讲究兵贵神速，但《古事记》中的神武东征军在进军途中竟然逗留于安艺、吉备等国 ① 长达 16 年之久。

这条路线总长度不到 600 公里，按今天的道路情况，步行最多花个两三星期就可以走完。即便是考虑到当时的道路条件与大部队移动困难，耗费 16 年也实在太久。可能是《日本书纪》的编撰者也深有同感，大刀一挥砍掉一半，但 8 年时间仍然让人觉得离谱。

---

① 即今日本濑户内海沿岸一带。

　　对此，有人推测神武东征并非单纯的军事行动，而是携带大量老弱妇孺的举族迁移；还有一种说法认为神武军的战斗力太过不堪，一路上都在尽力争取沿途豪族的支持。比如在神武东征中立下大功的久米部，便是活跃于中国^①、四国地区的豪族。

　　无论哪一种说法更具说服力，神武军的战斗力都是要打问号的，在中国地区的长期逗留，再结合后来神武军的糟糕表现，恐怕在争取沿途势力的支持上，也遭遇过很大的困难。

　　在安艺、吉备等国筹备数年，终于拼凑出足够战力后，神武率军沿着濑户内海进入一个海浪很急的地方，因此把那里命名为浪速国，又叫难波国^②。

　　神武军刚在浪速登陆，就遭到当地豪族首领长髓彦的袭击。

　　根据记纪记载，神武军初战不利，连天皇的兄长——神武军另一位首领五濑命也中箭身亡。神武军被迫重新上船，从海路绕行纪伊国前往熊野。

　　这次更惨，居然遇到风暴。据说神武大显神威，将佩剑扔入海中平息了风暴^③，但不幸的是，天皇的另一位兄长三毛入野

---

① 与我们中国无关，日本有一个地区叫中国，类似于汉语语境中的"江淮""华北"。

② 今大阪府一带。

③ 日后新田义贞进攻镰仓时金刀祭海，便是效仿神武天皇。

命却因风暴溺水而亡。

从神武军被长髓彦击败，再到跳海逃命，由海路迂回吉野的整个过程中，神武本人除祈祷平息风暴外，几乎没有任何值得一提的英雄事迹。这种情况，甚至一直持续到完成对大和地区的征服。

比如在进入熊野一带，因毒雾在山中迷路之际，是天照大神屡屡显灵，才保佑神武军走出困境，进入菟田①。

而当菟田的首领"兄猾"图谋设计谋害神武天皇时，则是兄猾的弟弟"弟猾"决心背叛兄长，与神武军的首席大将道臣命合谋杀害兄长兄猾，并将其分尸，撒布四方，以威慑当地土著，这才确立对菟田地区的征服。

征服菟田，进入大和国，平定"国见丘"的八十枭帅和"磐余邑"的兄矶城，对此，《日本书纪》与《古事记》的记载截然不同。

《日本书纪》的说法是"带路党"弟猾与另一位更早加入神武军的"带路党"椎根津彦，乔装制作能对敌军施加咒术的土偶，才引导神武军击败对手。而《古事记》则没有提及椎根津彦，完全是弟猾设计摆下鸿门宴，在酒宴上诱杀八十建（八十枭帅）后，顺势攻占了兄矶城。

---

① 今奈良县中部地区。

东征中，受八咫乌引导的神武军

无论哪种说法，都不见神武天皇的擘画与表态。哪怕到最后与宿敌长髓彦决战之时，神武还是继续着"路人甲"的表现。

跟轩辕黄帝那种遭遇失败，总结经验教训，最后以堂堂之阵击败蚩尤不同，神武军与长髓彦的战斗，完全是长髓彦的半场攻防演练。多亏长髓彦的女婿饶速日命也当了"带路党"，谋杀老丈人后，归顺神武军，这才结束战争，为这场充满坎坷的东征勉强画下句号。不过，这只是朝廷官方史书《日本书纪》的记载，《古事记》则只记载了饶速日命的归降，而丝毫未提及长髓彦之死。也就是说，神武天皇很可能直到最后也没有真正击败长髓彦，报杀兄之仇。

纵观神武东征神话，神武在整个过程中除各种祈祷和唱诗外，貌似啥也没干。神武军所取得的军事胜利，完全是道臣命、弟猾等臣子的功劳。这不仅与轩辕黄帝，就是与其他民族的神话英雄，如吉尔伽美什、赫拉克勒斯、忒修斯、齐格飞、库夫林、迦尔纳等，也形成了极其鲜明的对比。

我们有理由推测，在记纪神话的编撰者眼中，天皇并非如中国皇帝一样需要总理万机，也不似印度、欧洲的国王那样需要赫赫武功。

天皇存在的意义，或者说唯一被期待的，恐怕只有其高贵血统所赋予的祭祀职能。而具体的军政活动则由臣子负责，天皇要做的就是以自身权威赋予臣子们行动的合法性，无须参与具体的政治决策与运作。

这种观念是否符合神武东征时期的政治运作模式，我们不好下断言，但无疑是记纪编撰者所生活的时代，甚至是日本大多数时期政治运作模式的真实写照。

合议政治

在日本第一部成文法《宪法十七条》中，有这样一条法令：

夫事不可独断，必与众宜论。

少事是轻，不可必众。唯逮论大事，若疑有失，故与众相辨，辞则得理。

　　大意是在决策之时，原则上需众议而定。无关轻重的小事，没有进行众议的必要，但重大的决策，为了避免出现失误，需要慎之又慎，故必须与众人商议，这样自然会得出符合道理的结论。

　　《宪法十七条》的制定者圣德太子（574—622 年）是否真实存在过的人物，依旧存有争议，但这部法典与诸多法令条文不同，被收入了官修史书《日本书纪》。可见，绝非一纸空文。

　　《日本书纪》记载，推古天皇（593—628 年在位）去世后，执掌朝政的大臣①苏我虾夷，欲迎立田村皇子为帝，遂召集众大夫商议，可大夫中的许势臣大摩吕、佐伯连东八、纪臣盐手三人不支持田村皇子，反而推戴圣德太子之子山背大兄王。于是苏我虾夷，不得不与众大夫一一商议，甚至抬出推古天皇遗诏，最后更是发兵击杀最强硬的反对派境部臣摩理势，才勉强将田村皇子（舒明天皇）推上皇位。②

　　这件事后来经常被用作指责苏我氏横暴的罪证，但反过来一

圣德太子木雕坐像

---

①　日本古代的大臣等同于中国的宰相。
②　《日本书纪·舒明纪》，卷首。

想，独揽朝纲的权臣苏我氏连天皇都敢暗杀，可在拥立天皇这种大事上，也不得不召集众大夫商议，软硬兼施之下，方才达成目的，足见合议政治在当时日本政治生活中所起的作用。

实际上，《日本书纪》所记载的40位天皇中，至少有12位是经过大夫合议推举继位的，而且时间越接近记纪编撰者所生活的年代，由推举而上位的天皇就越多。①

大夫，日语读作マヘツキミ，又作前つ君，即君前之臣，意指有资格在天皇面前议政之人。简单来说，大夫主要是朝廷赐予那些有较高政治地位、有资格参政议政的官人的尊称。比如《养老律令》②便规定，不同官署中获得特定位阶③以上者，可以获得大夫的尊称。除了中央朝廷的官人，在《日本书纪》与《常陆国风土记》的记载中，也有将地方国造④、国司⑤等地方长官称为大夫的用例。⑥

① 大津透编：《讲谈社日本的历史8·思考古代天皇制》，讲谈社，2001年，第44—45页。
② 《养老律令》是古代日本中央政府的基本法典，由十卷十二篇的律与十卷三十篇的令组成。自天平宝字元年（757年）开始施行，废止于明治维新，持续约1100年，是日本历史上持续时间最长的明文法令。
③ 即官人的品级。
④ 国造为公元7世纪之前，大和王权在地方设立的地方长官。国造通常由地方豪族充任，并主要承担祭祀职能。
⑤ 国司为公元7世纪之后，大和王权在地方设立的地方长官。与国造不同，国司主要由中央朝廷派遣，并主要负责行政事务。
⑥ 关晃：《大化改新研究》（下），吉川弘文馆，1996年，第78—80页。

对天皇而言，大夫绝非单纯的臣子，而是能够与之共治天下的合作伙伴。这一点，在大化二年（646年）颁发给东国国司的诏书中表露得至为明显。

在这份诏书中，天皇首先声明"夫君于天地之间，而宰万民者，不可独制，要须臣翼"这一君臣共治的基本政治原则，随后追述历代天皇与国司们的先祖共治的历史，再次重申愿意在神灵庇佑之下，延续历代天皇所奉行的君臣共治传统，并将之作为派遣诸大夫治理东国的政治依据。

谈到君臣共治，中国人首先想到的也许是北宋士大夫文彦博那句有名的"陛下为与士大夫治天下，非与百姓治天下"。能与宋朝皇帝共治天下的士大夫，本质上是游士出身的职业官僚，其权力根基在于皇权。皇帝与士大夫的关系更多类似于现代独资企业的老板与高管。高管权力很大，有时甚至能够掌握整个公司的决策权，但本质上依旧是老板所雇用的打工人。通常情况下，独资公司的资产主要由老板掌握，公司的主导权也被其牢牢攥在手中，即便高管能够做出重要决策，那也取决于老板的意向。至于通过合议，绕过老板来决定公司的重大事务以及更迭老板简直是天方夜谭。

对于宋朝以后的中国历史，人们似乎有一个错觉，那就是文官集团可以架空皇帝。实际上，所谓利益高度一致的"文官集团"是不存在的。文官约束皇帝，凭借的多是开国皇帝、前任皇帝的"祖制"。如果遇到精力充沛、权力欲强的皇帝，文官在与皇权的交锋中往往以失败告终。北宋曾定下"不得杀士大夫及上书言事者"的祖宗之法，但宋高宗却诛杀了太学生陈东和欧阳澈，而宋高宗本人的皇位却丝毫没有受到影响。如果得不到皇帝的认可，文官脱离体制，没有汉代士族那样的地方势力做支撑，光凭一腔热血，谈何架空皇帝？

但在日本，与天皇共治的大夫们，虽然被天皇模仿隋唐制度授予了各种官职与位阶，除了极少数由朝廷派往地方的国司之外，无论是中央朝廷的大夫还是作为地方长官的大夫，其本质都是豪族，而非游士出身的职业官僚。甚至连那些被作为流官派往地方令制国的国司，也多出身于中央豪族。

这些豪族臣服于天皇，并借助天皇所授予的权力提升政治权威，但除了皇权之外，他们还有另一个权力根基——家族。天皇选择与哪个豪族合作，相较于豪族首领个人的能力，其家族势力是更为重要的考量。也就是说，二者的关系类似于股份制公司的老板与合伙人。由公司高管到中层管理者，再到分公司经理都是拥有独立股份与资产的合伙人。整个公司的资产完全由老板与合伙人的资产和股份构成，而且老板所持有的资产和股份在其中甚至占不了太大比例。这种情况下，唯一合理的运营方式，只能是让所有合伙人都参与公司决策，再根据各自持有资产的多少来决定其所能参与决策的层级。

这种政治构造的差异，使得日本的君臣共治有着与中国截然不同的政治内涵。

在中国，君臣共治的实质，在于皇帝依托由士大夫组成的职业官僚集团，共同构建出一套超越个人与社群的国家权力体系，并根据理性主义原则进行统治。由于皇帝与士大夫都依托于这套国家权力体系而存在，故而强调国家公权力实乃应有之义，私权只有在不威胁到公权的情况下才被允许。千百年来，充满智慧的中国知识精英，胸怀天下为公的儒家理念，运用这套颇具现代色彩的国家权力体系，成功地治理着世界上最为庞大的中央集权国家，在这片广袤的国土上保持着长期的和平与稳定。

相较而言，日本的发展阶段要比中国落后很多。豪族而非游士组成的官僚集团，才是支撑政治体系的关键。他们所奉行的君臣共治理念，与其说是如中国那样理性建构的产物，不如说是自发秩序的结果。诸豪族通过与主君缔结君臣契约，累层叠加地构筑起庞大的豪族联合体。严格来说，主君并不是这个豪族联合体的支配者，而是这个联合体的整合者。主君的意志始终无法凌驾于全体豪族的意志之上。即便是再武断强势的主君，也不敢完全无视豪族尤其是中央强势豪族的意志而肆意妄为。在绝大多数情况下，由强势豪族首领组成的合议机构才是这个共同体的政治中枢。在这种臣强君弱、豪族合议的政治格局下，根本无法像中国那样，基于理性主义原则，构筑起一套行之有效的国家权力体系；甚至连国家公权力都没有多少存在的空间，维护社群私权才是应有之义。①

这种日本式的合议政治其实并不要求君主具有多么优秀的个人能力，对那些出类拔萃且有着强烈个人意志的君主更是深恶痛绝。这就是日本历史上，诸如雄略天皇②、后醍醐天皇③、足利义教④、织田信长⑤这类在中国人眼中堪称雄才大略的强势人物，不仅大多以悲剧收场，而且历史风评皆不佳的原因。

---

① 有趣的是，合议制不仅一直延续到现代日本社会，而且作为一项古老的政治传统，早已渗透进日本人社会生活的方方面面。据日本古代史学者竹内理三（1907—1997年）回忆，他加入东京大学史料编撰所后，第一次参加编撰所每周都会举行的编撰官会议时，惊讶地发现，所有参加者都必须发表意见，而且根据地位的高低，由低至高顺次发表。这种会议流程与1000多年前平安时代太政官会议的阵仗几乎一模一样。参见竹内理三：《竹内理三著作集8·古代中世的课题》，角川书店，2000年，第270—280页。

② 雄略天皇（456—479在位），日本第21代天皇，在位期间积极镇压豪族强化皇权，先后击灭豪族葛城氏与吉备氏。《日本书纪》的编撰者毫不客气地将其称为"大恶天皇"。

③ 后醍醐天皇（1288—1339年），日本第96代天皇，在位期间联合寺社与武家势力，消灭镰仓幕府。然而其建立中国式中央集权国家的尝试遭到大部分武家与寺社势力的抵制，最终被逐出京都，在吉野郁郁而终。

④ 足利义教（1394—1441年），室町幕府第6位将军，从一位内大臣，赠太政大臣。在位期间为强化幕府中央权力，打压守护大名与镰仓府，火烧比叡山延历寺，镇压寺社势力，招致大名与寺社的强烈反抗，最终被刺身亡。

⑤ 织田信长（1534—1582年），幼名吉法师，出生于尾张国的胜幡城或那古野城（今爱知县西部名古屋市），日本战国时代到安土桃山时代的大名、天下人，"日本战国三杰"之一。在临近统一日本之前，因属下明智光秀的背叛在本能寺之变中身亡。

就此而言，神武天皇在东征中之所以没有多少英雄事迹，之所以几乎所有重要行动都是由臣子策划并实行，与其说是神武天皇的无能，不如说是这种臣强君弱政治格局的真实写照。毕竟，在一个豪族合议的政治体制中，实在不需要一位多么雄才大略的君主。

但是，正如拉波埃西①所言，人天性向往自由，没有人愿意接受奴役。豪族们为何愿意与一位如此弱势的君主缔结君臣契约呢？

神武东征中的政治逻辑

中外历史上乃至现实生活中，自愿为奴或安于被奴役的现象都并不罕见，但像日本列岛的豪族这样拥有强大实力，甚至能够左右国家大政的政治势力甘愿奉天皇为主，实在有些不符合政治逻辑。事实上，任何愿意臣服于天皇，加入日本早期国家这个豪族联合体的豪族首领，都有着各种各样极其现实的政治考虑。这一点，在神武东征神话中也可窥知一二。

如前所述，神武天皇之所以能够征服大和地区，建立被后世称为大和政权的日本早期国家，关键在于获得了弟猾、饶速

---

① 艾蒂安·德·拉波埃西（1530—1563年），法国杰出的人道主义者，早期资产阶级民主主义思想家，法国著名人文主义作家蒙田的朋友。

日命等"带路党"的合作。如果不是弟猾反戈一击，或许神武
天皇早已被兄猾所杀；而没有饶速日命的投靠，神武天皇是无
论如何都不可能战胜长髓彦的。

二人投靠神武天皇的动机，可以从其事后获得的酬劳进行
推测。

弟猾与神武军联手干掉兄猾的主要动机，很可能是借机夺
取兄猾的首领宝座，并借助神武军的力量来扩张势力。

在《日本书纪》的记载中，出卖兄长的弟猾在神武天皇平
定大和地区之后，被赐予猛田邑，获封猛田县主。这里的猛田
实际上是盂田的误写，在日语中读作うだのむ，写作汉字便是
宇陀，也就是今天的奈良县宇陀郡。兄猾与弟猾兄弟的据点菟
田，恰好位于此地。除菟田外，榛原、大宇陀等地区也在宇陀
郡的范围之内。也就是说，作为出卖兄长的报酬，弟猾不仅获
得了首领的宝座，还确立了对整个宇陀郡的支配权。

至于饶速日命，虽然记纪中并未明确记载他所获得的封地，
但饶速日命的后代物部氏①，不仅作为军事氏族承担着大和朝廷
除皇宫警卫外的军事 / 警察职能，甚至在极其重要的镇魂祭中
也扮演了重要角色。考虑到神武军极其糟糕的战斗力，倒也不
难想象为何奉饶速日命为先祖的物部氏能够掌握大和朝廷的很

---

① 这里的氏族，并非指根据血缘关系结成的豪族，而是根据姓氏编成的豪族群。
在这个豪族群中，作为领袖的豪族是可以不断转移更换的。

大一部分军事权力。毕竟，作为屡屡击败神武军的长髓彦的部下，饶速日命的军事水准无疑比神武一方要高得多。

当然，神武东征毕竟是日本的建国神话，无论是兄猾与弟猾兄弟还是饶速日命都很可能是并未真实存在过的人物，他们的故事也充满了传奇色彩。但是，我们有理由认为这些故事是对天皇一族收编诸多豪族建立大和政权的写照。也就是说，弟猾与饶速日命的故事分别代表了两种不同的收编类型。

弟猾的投靠，代表了对大量并未掌握特殊技能的地方豪族的收编。天皇通过收编这些地方豪族，迅速完成对当地的征服，并以这些被收编的豪族来支撑新兴大和王权对地方的统治秩序。而地方豪族通过投靠天皇，借助外部力量来确保与其他地方豪族的竞争优势，进而确立对当地的支配权，甚至还可能进一步扩大支配区域。在天皇对于干涉地方豪族的事务极其谨慎且十分消极的情况下，这种合作对地方豪族无疑利大于弊。

饶速日命的投靠，代表了对包括地方豪族在内拥有特殊技能的豪族的收编。对于这些豪族，天皇不仅赐予其在征服过程中获得的新领地，甚至还将其编入王权的中央支配体系，并且根据其所掌握的特殊技能，赋予其世代承袭的特定职权。如物部氏这样掌握军事与祭祀这类重要技能的氏族，甚至能够进入权力中枢，担负组织王权运作的重要使命。而对于这些拥有特殊技能的被收编豪族而言，投靠天皇的最大意义在于突破原有的瓶颈，谋取更大的发展空间。比如饶速日命，若是继续效忠长髓彦，其所拥有的军事技能并不比长髓彦所掌握的更优秀，因此很难在长髓彦集团中谋取更高的政治地位。但如果加入缺少优秀军事技能的神武军，再加上征服大和地区所带来的权力洗牌，饶速日命必定能够从神武天皇这里获得长髓彦难以给予的政治利益。

当然，大和王权在建立以及扩张的过程中，收编了大量的豪族，仅仅弟猾与饶速日命这两种收编，很难概括大和王权建立与扩张的全貌。唯一可以确定的是，大和王权是一个主要借由收编方式而结成的豪族联合体。这一点，对于日本之后的政治演化产生了决定性影响。

三　巫术治国

神武天皇在东征肇基的行动中，没有值得一提的武功，关于其功业的记载，几乎全与祭祀相关。与中国历史上的君主相比，简直不可思议。

在《三国志·后主传》注引《魏略》中，后主刘禅曾说："政由葛氏，祭则寡人。"意思是说，国家政务由诸葛亮管着，我刘禅就负责祭天祀祖。

诸葛亮是纯臣还是奸臣，不在本书讨论范围之内，至少诸葛亮是权臣，这是不能否认的。诸葛亮为蜀汉鞠躬尽瘁，但刘禅的话中似乎有一点情绪，在他看来，祭祀只是礼仪性权力，远远没有政务重要。所谓"政由葛氏，祭则寡人"，暗含着对诸葛亮架空自己、专权独断的不满。

那么，神武天皇为何会满足于祭祀权，而对涉足政务缺乏兴致呢？这可能与日本早期国家独特的祭政体系有关。

镇抚荒神与祭政联合体的建立

神武对祭祀和政务的不同态度，或许可以从神武天皇自身的能力不足来解释。但这样的一个人主，别说"万世一系"，能"富过三代"就属实不易。只能说，这不是神武的被动接受，而是主动选择：神武只要掌握祭祀权，就能够达到稳固自身地位的目的，犯不着事必躬亲、亲冒矢石。这一点，在颇具日本特色的荒魂·和魂信仰中体现得尤为明显。

在日本传统的神道信仰中，神灵具有荒魂与和魂两种状态或者说两种面相。所谓荒魂，在形容神灵威猛的同时，也象征着神灵作为秩序破坏者的一面。而与之相对，"和魂"则指代神灵温和、亲爱、调和的特征，更强调神灵作为生产者与秩序守护者的一面。

在日本人看来，所有神灵都同时具备善、恶这些对立的属性，且不需要分身。这些属性，还可以根据神灵所处状态而转换。当神灵处于荒魂状态时，其毁灭与破坏的属性占据上风，会给世间带来灾难；而当处于和魂状态时，其创造与有序的一面占优，则会为世间带来繁荣昌盛。

日本列岛是一个自然灾害频发的地域。地震、火山爆发、台风、海啸、洪水等自然灾害夺取人的性命，破坏人的家园，使社会秩序陷入混乱。但日本列岛又颇受自然眷顾，丰富的渔业资源、肥沃的土地、温润的气候，促使其孕育出较为发达的人类文明。

这样的自然环境，塑造了日本人对自然的独特认知。

在日本人看来，火山爆发虽然可怕，但火山灰却能使土壤变得肥沃；海啸毁天灭地，但大海却提供了取之不尽的渔业资源；湍急的河流是形成洪水的元凶，但同时也是滋养良田的根源。

自然既是人类社会存续的最大威胁，亦是人类繁衍生息的根本，如何与自然共处，而不是彻底征服自然，便成为关键所在。

以正确的方式对待自然，可以获得自然的恩惠，反之，就会招致毁灭。行之有效的办法，就是将长期以来所积累的与自然共存的经验秘仪化、咒术化，通过祭祀仪式使神灵由狂暴的荒魂状态转化为安详的和魂状态。

　　这种独特的荒魂·和魂信仰，对于日本早期国家的建立，产生了极其深远的影响。

　　一方面，祭祀活动在日本人的政治生活中长期占据主导地位，以至于日语中的"祭事"与政事的发音几乎完全一致。日本的政治共同体，实质上是以祭祀为中心结成的祭祀共同体。

　　另一方面，荒魂·和魂信仰也为日本列岛文明开拓出一条与诸多文明截然不同的演化路径。

　　在诸多古代文明的神话体系中，破坏与生产的二元对立是极为普遍的。比如古埃及神话中有破坏之神赛特与秩序之神荷鲁斯，琐罗亚斯德教教义中有光明神阿胡拉·玛兹达与黑暗神安格拉·曼纽等。当然也有像印度的湿婆大神那样，被同时赋予破坏、毁灭、秩序、生殖这些对立属性的，不过湿婆大神更多是通过不同的化身来承载这些属性。

　　在大多数神话叙事中，善与恶的二元对立，往往通过善神或是受善神支持的英雄消灭恶神以及恶神支持的恶魔与反派来收场。这种叙事方式，既是对繁荣与秩序的渴求，也有着将被征服者非人化，以此确立对被征服者的支配地位的政治意图。

　　比如印度史诗《罗摩衍那》中的罗刹娑，本为南亚次大陆南部以及斯里兰卡岛一带的原住民，但因为抵抗雅利安人的入侵，在印度神话中被黑化为邪恶的妖魔。罗刹娑的领袖罗波那，也由一位贤君而被歪曲成十首大魔王，最终被印度主神毗湿奴所化身的英雄罗摩击杀。借由这种英雄战胜恶魔并带来和平与安宁的神话叙事，《罗摩衍那》的编撰者讲述了雅利安征服者在印度次大陆建立统治秩序的历史。

无独有偶，在日本神话中，也有"土蜘蛛"这般被视为妖魔的存在。比如在神武东征中被弟猾摆鸿门宴诱杀的八十建，就是一位土蜘蛛首领。此外还有神武即位前讨灭葛城地区土蜘蛛的记载。记纪编撰者甚至将这场战斗视为平定大和地区的最后一战。这里的土蜘蛛，实际是指不服从大和王权支配的原住民。

大和王权由于远不具备入侵南亚次大陆的雅利安人那样压倒性的战斗力，在东征过程中，不得不对原住民以收编拉拢为主，而非利用军事力量进行彻底征服。在这种情况下，自然也不可能将土蜘蛛视为需要被完全剿灭的恶魔。

《肥前国风土记》中记载了一个意味深长的故事。

在佐嘉郡西的佐嘉川①上，出现了荒神，对往来之人大加杀戮。佐嘉郡县主的祖先大荒田氏对此进行占卜，询问神意。于是有两位土蜘蛛女大山田与狭山女告知大荒田氏，如果取下田村之土制作人与马的泥偶，并以此祭祀荒神，必能将其镇抚，

————————————

① 位于今佐贺县佐贺市。

使之平和安宁，不再作恶。大荒田氏遂依照这一建议，对荒神进行祭祀，果然得到应验。

故事中的大荒田氏，很可能是大和朝廷派往九州统治此地的豪族，故而不清楚当地的祭祀方法。而土蜘蛛则是当地土著，荒神应是这些土著所祭祀的神灵。将祭祀方法告诉大荒田氏的大山田与狭山女则很可能是祭祀神灵的巫女。

如果这一推测成立，那么所谓荒神杀人事件，实际是以神话传说的方式来言说地方土著对外来征服者所进行的反抗。面对反抗，大荒田氏没有以武力彻底征服对方，而是从土蜘蛛巫女那里学习祭祀方法，通过祭祀荒神来平息荒神的愤怒——当地土著的反抗。由此，大荒田一族从土著巫女手中接过了对当地神灵的祭祀权，成为新的祭祀者，确立了对当地的支配秩序。可以说，在这个过程中，祭祀而非武力，才是外来者确立统治秩序的关键。当然，外来者与当地土著的冲突，并非总是可以轻松解决。

《常陆国风土记》记载：箭括氏麻多智在行方郡^①西谷的苇原开垦新田时，有夜刀神成群结队涌来，妨碍新田开垦。这夜刀神的形态乃有角之蛇，若谁不小心看见，将会家门破灭、子孙断绝。然麻多智乃勇猛之士，不但不畏惧夜刀神，反而披坚

---

① 今茨城县行方市。

执锐对其打杀驱逐，直至山口。然后麻多智在此处设界立标，向夜刀诸神宣誓道："此界以上，听为神域，但此界以下，当为人田。自此以后，吾等将作为神祝，世代祭祀诸神，请勿怨恨作祟。"自此以后，麻多智的子孙世代祭祀夜刀神，至今不绝。

在这个故事中，麻多智以武力战胜了夜刀神，不但没有将对方赶尽杀绝，反而与夜刀诸神画地为界，建立祭祀夜刀诸神的神社，承诺将世世代代祭祀下去。这一承诺，直到《常陆国风土记》编撰成书之时，依旧为麻多智子孙所严格遵守。这里值得注意的是，作为举行祭祀活动的神社，不仅是祭祀神灵之所，往往还是由豪族所主导的统治中心。①

在《风土记》所收录的这些故事中，无论是否拥有军事优势，获取祭祀当地神灵的祭祀权，才是确立统治秩序的关键。基于《风土记》中所透露的这些信息，我们可以对记纪神话中关于神武天皇登基的叙述稍作分析，看看大和王权建立的关键到底是什么。

在关于神武天皇登基的叙述中，有"言向平和荒夫琉神等""退拨不伏人等""坐亩火之白梼原宫""治天下也"等语。而退拨不伏人等一语，无疑是指神武放逐了那些反对他的当地土著，也就是在后来的历史记载中屡屡出现的土蜘蛛。但相较

---

① 小松和彦:《诸神的精神史》，讲谈社，1997 年，第 274—277 页。

于驱逐不服之人，更重要的是"平和荒夫琉神"一语。"夫琉"二字为日语ぶる的表音汉字，荒夫琉即荒ぶる，有威猛狂暴之意。按照全文的意思，这里的荒ぶる诸神，既是名词也是形容词，既指代威猛狂暴的神灵，也代指处于荒魂状态的神灵。所谓平和荒夫琉神，是指安抚神灵的荒魂状态。

结合《肥前国风土记》的故事，我们猜想这里被平和的荒神指的就是当地土著所祭祀的神灵。神武天皇借由镇抚荒神来掌握对当地神灵进行祭祀的权力，以此来宣示对大和地区的支配权。

神武天皇比较典型的镇抚荒神的事例，当数迎娶祭祀大和地区神灵大物主神的巫女——媛蹈鞴五十铃媛为妻。据《日本书纪》记载，媛蹈鞴五十铃媛为大物主神与玉栉媛野合所生之女。大物主神是大和三轮山一带所祭祀的蛇神，祭祀大物主神的三轮山，在《古事记》中又被称为御诸山，顾名思义，大物主神不仅是三轮山山神，也是诸山之山神。大物主神在大和地区有着极其广泛的信仰基础。

而在记纪中，媛蹈鞴五十铃媛又被称为神之御子，而御子的日文发音为みこ，与巫女的日文发音相同，所以她很可能是专门祭祀大物主神的巫女。或许神武天皇在登基之时，虽然宣布完成了对荒神的镇抚，但当地豪族对此并不认可，所以才需要迎娶祭祀大物主神的巫女来获取其所掌握的祭祀权。

神武天皇与皇后媛蹈鞴五十铃媛命

值得注意的是，除神武东征神话外，在日本武尊的神话中，也屡屡出现镇抚荒神的记载。

日本武尊，《古事记》作倭建命，《风土记》作倭武天皇，本名小碓尊，另有日本武、大和武等称号。据传其智勇双全，于景行朝东征西讨，为大和王权开疆拓土。最后虽英年早逝，无缘皇位，但子嗣为当代天皇之直系祖先。如果说神武天皇是大和王权的建立者，那么日本武尊便是大和王权的开拓者。正是在日本武尊活跃的时代，大和王权将西至北九州岛、东至关东平原的广大区域纳入其支配之下。而关于日本武尊征服这些区域的传说，几乎无一例外以镇抚荒神结尾。

当然，无论是神武天皇还是日本武尊，我们都很难考证其是否真实存在过。但结合《风土记》的相关记载，神武天皇与日本武尊的传说，基本可以看作以神话传说的方式言说大和王权建立及扩张的过程。

大的祭祀共同体通过夺取祭祀权，将较小的祭祀共同体编入自己的祭祀体系；更大的祭祀共同体再通过夺取祭祀权，将大的祭祀共同体编入自己的祭祀体系。如此累层叠加，最终形成了以天皇为顶点，祭政一致的祭政联合体。

为了进一步统合这一祭政联合体，天皇将本是大和地区的神灵大物主升格为整个大和王权的守护神。大物主这一名称中的"物"，是指"自然万物"，由此大物主神这一称号便具备了自然万物之神的内涵。记纪的编撰者将象征自然万物的神灵大物主神视为需要天皇亲自出面祭祀镇抚的荒神，便是将天皇视作调和人与自然万物关系的关键，既彰显了天皇在祭祀方面的绝对权威，又强调了天皇君临日本列岛的合法性。

那么，天皇凭什么能够镇抚荒神并调和人与自然万物的关系呢？关于这一点，虽然很难完全弄清，但记纪中所透露的一些信息足以让我们管中窥豹。

言灵与王化

前文所提及的"平和荒夫琉神等"一语的全文为"言向平和荒夫琉神等"，翻译成现代日语为"荒ぶる神等を言向け平和し"，可以理解成以言语镇抚平和荒神。日本最早的和歌集《万叶集》收录了一首由大伴家持（718—785 年）创作的和歌，其中有：

踏み通り、國求（ま）ぎしつ、ちはやぶる、神を言（こと）向け、まつろはぬ、人をも和し。

就是以言语祭祀神灵来解释《古事记》中的这段记载。值得注意的是，除神武东征神话外，在《古事记》日本武尊的相关记载中，也频频出现以言语平和荒神的记载。

言语究竟有着何等力量，竟然能够平抚狂暴的荒神？这就涉及一个非常有日本特色的文化元素——"言灵"。

在古代日本人的信仰世界中，存在着认为言语中具有灵力或者寄宿着灵魂的观念。时至今日，日本人依然相信语言中蕴含着对现实事物施加影响、招祸致福的灵力。诵读祝词时，必须绝对注意避免误读；婚礼上也有各种基于言灵思想的忌讳。

在天皇御灵威笼罩列岛的大和朝廷时代，言灵信仰更是上升到国家存续的高度。

《万叶集》中有这样一句话：

…そらみつ大和の國は、皇神の嚴くしき國、言靈の幸ふ國…

大意为古昔之大和国，乃皇神（天皇）所统治的威严之国，乃因言灵而幸福之国。

在这里，和歌作者将言灵
与天皇治世联系起来，认为日
本乃因言灵之力而获得幸运的
国度。

这首和歌的作者山上忆
良（660—733 年）为奈良时
代的贵族歌人，恰好生活在大
和朝廷确立律令制、编撰记纪
与《风土记》的时代。在《风
土记》的记载中，关于天皇通

日本武尊

过言灵确立对地方统治秩序的记载可谓比比皆是。

据《常陆国风土记》记载：倭武天皇巡幸相鹿丘前宫时，
于海滨处修建了用于炊膳的厅舍，并造浮桥以通之。故取大炊
之意，将此处命名为大生村。《风土记》作为大和朝廷贵族官员
所编撰的地方志，无疑与记纪一样，有着宣扬王化的政治意图。

在相信"言灵"存在的日本人看来，名字乃世间万事的根
本所在，通过掌握人或物的名字，能够获取对其的支配权。那
些与山上忆良生活在同一时代的《风土记》的编撰者，同样对
言语所蕴含的灵力深信不疑。

故而皇族或天皇赐予某一地区名字的典故，实际上意味着

以天皇为首的大和朝廷对该地区支配权的确立。进而言之，通过天皇或天皇代理人所赐予的名字，能够将该地域空间"王化"，将其纳入天皇灵威笼罩之下，以此为基础构建天皇对地方的支配秩序。

言语的灵力，不仅在大和朝廷确立对地方统治权的过程中发挥着重要作用，即便在大和朝廷模仿中国，确立律令制后，对言灵的敬畏，依旧是维系地方民众忠诚的重要因素。

下面是《万叶集》所收录的一些出身关东地区的防人所作的和歌：

大君の命が恐れ多いので、弓を抱いて寝て明かすのか、長いこの夜を

因畏惧大君之命，抱弓而眠以待天明，长夜漫漫兮。

大君の命が恐れ多いので、青雲のたなびく山をも越えてきたよ

因畏惧大君之命，翻越青云之高峰。

大君の命が恐れ多いので、愛しい妻の手を離れ、島づたいに行く

因畏惧大君之命，离爱妻，越汪洋，赴离岛。

这些和歌的作者出身各异，却都选择以"大君の命が恐れ

多いので"为起手来表达对被朝廷征发徭役的不甘。但为什么要使用"恐れ"，也就是"畏惧"来作为不得不服从朝廷征发的原因呢？

要知道，虽然大和朝廷在这时模仿隋唐，确立律令制，并向地方征发赋税，但是，日本从未建立起中国式的地方支配体系。特别是在这些和歌作者出身的关东地区，更是享有高度的自治权，这里的地方豪族甚至拥有得到朝廷承认的完全独立于律令体系的私法体系。而且作为朝廷兵源最主要的提供区域，关东的豪族与民众更没有必要畏惧朝廷的武力。既然如此，他们到底在害怕什么？

和歌中汉字的日文发音，或许可以帮助我们一窥其中奥妙。

这里的命，日语为みこと，也可写作汉字御言。故大君之命，可以写作大君之御言。有趣的是，在《日本书纪》中，中央朝廷派赴地方的最高官员国司，日语训读为みこともち，即御言持ち，可以理解为凭借天皇之御言以治理地方的人，类似于我们中国人所说的口含天宪。

不过中国的天宪是指律令、条文，是皇权意志的绝对体现。皇帝赋予官员巡视地方的权力，地方不能抵触，同时皇帝可以随时收回巡视官员的权力。而《日本书纪》的御言，虽然可以理解成皇命，但明显不具备中国那样的律令条文内涵。

在《万叶集》编撰者生活的时代，关东地区同时存在律令国家的司法体系与地方豪族的司法体系，朝廷为了维持这些地方豪族的忠诚，明令禁止地方的国司（可以理解为中国的地方郡守，但不能完全等同）干涉豪族私法。[①]故防人口中的大君之命，自然不可能是指朝廷的律令条文。

既非朝廷的律令条文，更非武力，所剩下的唯一可能，便是巫术。

朝廷派往地方的国司，作为天皇的代理人，通过拜领天皇的御言，而分享了天皇之御灵威，并借此来维持对地方的统治。

正是由于相信天皇话语中所蕴含的灵力，地方豪族与民众才会服从天皇的统治，才会畏惧大君之御言。

归根到底，尽管日本仿效中国建立律令制，但实际上支撑日本式律令制的并非中国式的职业官僚体系，而是中国士人最为不齿，必欲除之而后快的巫术。更为讽刺的是，为了维系律令制，日本朝廷竟然另外建立了一套非常具有日本特色的、充斥着巫术色彩的神祇官制度。

支撑律令制的神祇官制度

神祇官制度创设于 8 世纪初期。具体运作方式是神祇官先

---

① 《日本书纪》大化元年八月庚子条。

将各地神社本来要奉献给神灵的币帛征收到中央朝廷，再由神祇官代表天皇举行为币帛加持皇祖神（天照大神）灵威的祭祀仪式。随后将这些带有皇祖神灵威的币帛赐予地方神社，用以祭祀本地神灵。这套"雨露均沾"皇祖神灵威的祭祀完成后，朝廷便能够以收取敬神谢恩的"初穗"的名目，向地方征收作为年贡的庸、调。

这些"初穗"，主要用于各种祭祀活动以及朝廷的日常开销。在神祇令中，哪些神社应该领受什么币帛，又应该缴纳什么"初穗"，都有着非常明确的规定，其范围从谷物、鱼类、纺织品到农具、制造工具等无所不包。

这说明，在地方豪族及民众对朝廷所模仿的中国律令条文、租庸调制完全缺乏概念的古代日本，朝廷唯有利用整合了地方基层信仰体系的神祇官制度才有可能名正言顺地从他们手中收取年贡。

但通过神祇官制度，我们也清楚地看到，日本律令国家税收体系形成的同时，朝廷对地方祭祀体系的掌控也在不断强化。

据《续日本记》记载，朝廷于大宝元年（701 年）十一月八日设立管理祭神供物的造大币司，并于次年催促诸国国造进京，从造大币司处领取奉献给神灵的币帛。

乍一看，朝廷的这项举措似乎是一种福利。然而，天底下哪有免费的午餐。

诸国国造，是日本实行律令制以前所任命的地方首长，通常由地方有力的豪族充任，代表朝廷对地方进行统治。鉴于日本一直以来祭政一致的政治传统，这些国造同时也是当地神灵的祭祀官。此外，与朝廷所派遣的地方官员县主不同，诸国国造拥有包括司法裁判权、军事警察权在内的广泛权限。

但是，当权者总是难以抑制自身扩张权势的欲望。由这一欲望所导致的中央与地方矛盾，可谓所有人类文明的通病，日本自然也不例外。

早在大宝年间要求诸国国造进京领取祭神供品之前，朝廷便已施行一国一国造制，将诸国国造的职权一分为二。改制后的国造专司地方祭祀事务，成为后来作为社家的国造家。行政权则被朝廷分割，委派给新设立的行政官职——郡司。

结语

日本历史的演变，从民族神话中已能颇见端倪。一方面，频发的自然灾害与对神灵、亡者的畏惧，使得安抚神灵与亡者，以此来调和人与自然的关系，成为古代日本社会需要面对的首要问题。较为落后的科技水平迫使尚未走出神话时代的日本人最终选择通过咒术与秘仪，也就是通过祭祀活动来解决这些问题。由此，以祭祀活动为中心结成的祭祀共同体，便成为日本列岛社会共同体的主要形态。

另一方面，独特的地理特征、优越的地缘环境，再加上落后的军事技术，又使得天皇在建立早期国家的过程中，既无法依靠外部输入的军事技术获得足够的优势，更难以凭借压倒性的军事力量彻底征服那些依山傍水的地方豪族。因此，利用祭祀活动来收编当地豪族，依靠他们的合作来构筑早期国家体系，就成为唯一的选择。

由此，日本列岛各地的祭祀共同体，逐渐以天皇为中心，累层叠加地结成了祭政一致的祭政联合体，从而塑造了臣强君弱、豪族合议的政治传统。

第二章　跳梁跋扈的怨灵

怨灵虽然具有浓厚的神秘主义色彩，纯属意识形态的事物，但却往往会引爆社会舆论，甚至发展为声势浩大的社会运动。因此，围绕社会舆论主导权而展开的明争暗斗，常常是政治博弈的主要形态之一。而将这种意识形态的政治博弈与特定文明的政治生态相结合，就成为理解文明社会演化轨迹的关键所在。

日本天皇在推行律令制的时候，由于列岛迥异于华夏的政治发展态势，不得不因地制宜，尽可能避免过度触碰地方豪族的利益，建立起被后世称为大和王权的祭政一致的联合体。

但是，建构国家支配体系与地方基层共同体的独立地位毕竟是冲突的，双方围绕着祭祀的话语权所展开的一连串政治博弈，制造了怨灵乱舞的"平安时代"。这样一个群魔乱舞的时代，正是从东亚大陆习得密教咒术的僧侣们大展身手的绝佳舞台。

一 化身怨灵的贵种

在中国历史上，有"周秦之变""唐宋之变""明清之变"等说法，以"唐宋之变"为例，由中古贵族执政到平民精英开始跻身统治阶层，按照时代背景而言，这无疑是剧变。

日本历史上也存在这样的变革时代，其中以平安时代（794—1192年）最为典型。从此以后，中央贵族在日本政坛的存在感将被僧侣与武士所取代。

抛开统治阶级的更替不谈，社会剧变肯定会给文学创作提供取之不尽的素材，平安时代亦是如此，它为后世呈现了一个人鬼共生的时代。无数怪异以人类的恐惧为食粮，潜藏在黑暗中伺机而动，无时无刻不在威胁着天皇之治世。而在这些怪异之中，最为可怕者又非怨灵莫属。

当时的人们相信怨灵不仅会对"祸首"——当权者进行报复，还会引发饥荒、瘟疫、火灾、地震、叛乱等天灾人祸，无差别地向整个社会宣泄其怨恨。在跳梁跋扈的怨灵面前，不管是高高在上、藏身于深宫大院的天皇、摄关，抑或是毫无瓜葛的贩夫走卒，皆难逃其魔爪。可谓名副其实的报复社会。

更可怕的是，面对怨灵的疯狂作祟，无论是朝廷阴阳寮中的阴阳师，还是南都北岭①的得道高僧皆束手无策。当权者们所能做的，唯有通过不断的祭祀与封官许愿，来平抚其怒火。

何以平安时代会有如此猖獗恐怖的怪异，这一切还要从平安京的起源说起。

桓武天皇：意外登基的政治博弈受益者

话说称德女帝（764—770 年在位）晚年，由于没有子嗣，不得不与朝臣们商议下任天皇人选。在称德女帝与朝臣们看来，最合适的后继者莫过于圣武天皇（724—749 年在位）的外孙他

---

① 南都北岭为日本古代两大佛教僧团势力的代称，南都为位于奈良县的兴福寺，北岭则为京都附近比叡山的延历寺。

户亲王（？—775 年）。

他户亲王的母亲乃称德女帝的妹妹井上内亲王（714—775 年），父亲是天智天皇（668—672 年在位）亲孙子白壁王（709—782 年）。壬申之乱①后，虽然天皇的宝座主要由天武天皇（673—686 年在位）的子孙把持，但天智天皇的后裔依旧拥有极大的政治影响力。甚至连天武天皇本人，也不得不迎娶天智天皇之女鸬野赞良皇女（645—703 年）为后，来拉拢天智系皇族。鸬野赞良皇女与姐妹阿闭皇女（661—721 年）更是在天武天皇去世后，先后登基为持统女帝（690—697 年在位）与元明女帝（707—715 年在位）。

这种天武、天智两统并存的局面，无疑会对政权的稳定造成威胁。因此，身兼天智天皇与天武天皇两位天皇血统的他户亲王若是能登基为帝，不仅可以延续天武一系把持皇位的局面，还有机会消解两统并存的隐患。

但由于白壁王尚在人世，作为儿子的他户亲王不可能越过父亲被立为太子，而且他户亲王年纪尚幼，当时的日本还没有幼帝上位的先例。还有一点就是白壁王比称德女帝还要年长。

---

① 天武天皇元年（672 年，干支纪年为壬申）六月，天智天皇之子大友皇子和天皇的胞弟大海人皇子，为争夺皇位继承权而发生的古代日本最大规模的内乱。大海人皇子初隐居于吉野宫，天智天皇死后，经伊贺、伊势入美浓，制服东国后，分兵占据倭古京，在近江势多大破大友皇子的军队。大友皇子败走，臣下四散，独物部麻吕不舍离去，大友皇子遂自杀。大海人皇子次年正月即位，死后谥天武天皇。

所以女帝打算先不立太子，等他户亲王成年之后再做计较。

然而人算不如天算，称德女帝竟没有熬过比自己年长十岁的白壁王，于神护景云四年（770年）驾崩。此时的他户亲王还不到十岁，根本没到能够继承大位的年龄。

以左大臣藤原永手（714—771年）、右大臣吉备真备（695—775年）为首的朝臣们经过合议后，决定先让白壁王登基过渡一下，再传位给他户亲王。

可惜命运并没有垂青他户亲王。白壁王登基成为光仁天皇（770—781年在位）后不久，将其推上太子之位的藤原永手便于宝龟二年（771年）去世，而此时深得光仁天皇信任，并在朝臣中拥有极高威望的参议藤原百川（732—779年）明显不打算萧规曹随。

藤原百川公开的理由是：他户亲王为人横暴，非人主之资；倒是另一位皇族山部王（737—806年），不仅已经作为事务官僚展示出卓越的政治才华，而且在朝堂中颇有人缘，更有可能获得朝臣们支持。[1]

不过，指责一位十几岁的少年品行不佳，多少有些欲加之罪。其中当然有不可告人的猫腻。山部王虽为皇族，但由于几乎没有继承皇位的可能性，所以走的是职业官僚路线。他干过

---

[1]　北山茂夫：《日本的历史4·平安京》，中公文库，1973年，第7—8页。

大学寮的大学头，并一路爬到中务卿的高位，主宰律令制八省中最为重要的中务省[①]。巧的是藤原百川曾出任过中务省的二把手中务大辅。更巧的是，藤原百川还是山部王的老丈人。

于是，在藤原百川的谋划下，皇后井上内亲王被诬陷以巫蛊之术诅咒光仁天皇，顺带将其子他户亲王也牵连其中。最终母子二人被废，并于幽禁之所同日而亡。至于是病死还是被自杀，就不得而知了。山部王则顺势被立为皇太子，也就是日后的桓武天皇（781—806 年在位）。

与我们前面所提到的神武天皇不同，开启平安时代的桓武天皇，可不是什么只会求神问卜的巫王，而是日本罕见的雄主。即便是按中国人的标准来衡量，桓武天皇也称得上是一位励精图治的有为之君。他在位期间，将都城迁至平安京，在文治武功方面颇有建树。

政治上，桓武天皇大力改革地方行政，置勘解由使[②]，对国司、郡司等地方官吏进行监督考核，选贤任能，裁撤冗官；整顿地方行政，置敕旨田，开辟财源。军事上，三征虾夷地[③]。以坂上田村麻吕（758—811 年）为征夷大将军，置镇守府于胆

---

① 中务省，主管敕诏宣布及官员晋升，其重要性相当于唐代的中书省。
② 在官吏更替时从事人事监督的令外官，类似于中国古代官制中的差遣，如刺史、巡抚。与刺史类似，令外官也逐步变为常设官职。
③ 即今日本东北的青森、岩手、秋田、山形、宫城、福岛六县。

泽①，将朝廷的支配范围扩展至陆奥地区。宗教上，大力扶持天台宗、真言宗等新兴佛教宗派，打压南都六宗，强化朝廷对佛教教团的掌控。

按说有着这样的赫赫武功与政绩，虽然没法与秦皇汉武相提并论，至少也有资格如某十全老人一样志得意满才是。然而桓武天皇却终生为怨灵作祟所困扰，一直生活在惶恐不安之中，根本无暇为一连串的丰功伟绩而洋洋自得。

而这一切，皆源于其即位之初的一桩冤案。

含冤而死的亲王

桓武天皇的生母是以百济武宁王为祖的王族后裔和氏出身的高野新笠（？—790 年），父亲是天智天皇的孙子白壁王。如前所述，由于皇位长期为天武一系的皇族所把持，山部王最初也并未想过自己有朝一日会成为天皇，所以才谋求以官僚路线发迹。

这么一个与皇位完全无缘的老官僚，居然被老丈人藤原百川看重，一路推上天皇之位。所以说人的命运，除了自我奋斗，历史的行程更为关键，桓武天皇对此当颇有感触。

---

① 今岩手县胆泽郡。

不过，一手将桓武天皇推上皇位的藤原百川却于宝龟十年（779年）去世，没能等到桓武天皇登基的那一天。这对于一心想报答老丈人再造之恩的桓武天皇而言，固然遗憾，但更让其忧心的，还是关于藤原百川之死乃井上皇后与他户亲王作祟所致的传言。

而与此同时，作为一场鹊巢鸠占的政治阴谋的最大受益者，桓武天皇必然会对皇位继承问题保持高度的警惕，以至于到了疑神疑鬼的地步。这一切，成了桓武天皇难以向人诉说的心病，并最终导致日后兄弟相残的人伦惨剧。

桓武天皇登基后，为摆脱南都佛教势力的政治影响，遂决定迁都山城国，并任命其心腹藤原种继（737—785年）为长冈宫营造使，主持营造新都。但延历四年（785年），藤原种继却被不明人物暗杀。这分明就是在向意图迁都长冈京的桓武天皇公然叫板。

为给心腹报仇并威慑反对者，桓武天皇兴起大狱，一时之间牵连甚广。以大伴家持（718—785年）为首的十多位贵族朝臣受到牵扯，遭到极其严厉的处罚。大伴家持虽已去世，竟然也被剥夺官位，甚至还遭受了日本人难以想象的禁止下葬处罚。这种严刑峻法的恐怖气氛，弄得人人自危，被朝廷抓捕者无不胡乱攀咬以求自保，到最后竟将天皇的亲弟弟——皇太弟早良亲王（750—785年）也牵扯其中。

与老官僚桓武天皇不同，早良亲王一开始走的是另一条皇族子弟的发迹路线——出家为僧。

早良亲王于天平宝字五年（761年）于东大寺出家，被称为亲王禅师，曾作为东大寺的开山祖师良辩的后继者，成为东大寺的最高指导者。

天应元年（781年）桓武天皇即位时，尚在人世的光仁上皇考虑到桓武天皇年事已高①，其子安殿亲王年幼。为避免桓武天皇突然去世出现主少国疑的局面，便劝说早良亲王还俗，并立其为皇太弟。

与权力欲极强的桓武天皇不同，早良亲王虽被立为皇太弟，但他本人对皇位其实并无太多想法。在他看来，皇位始终是侄子安殿亲王的，自己只不过是在出现突发情况时，帮侄子守住皇位而已。为避免出现皇位之争，早良亲王在被立为皇太弟后，甚至没有娶妻生子。

然而，光仁上皇和早良亲王的良苦用心，到头来却是真心错付。因为高尚和古怪是一体两面，职业官僚出身的桓武天皇，其思维方式更为世俗，经历了鸠占鹊巢的他，政治嗅觉是异常敏锐的。与汉武帝、明太祖一样，桓武天皇雄才大略的背面是因自我保护而生出的猜忌和疑心。

---

① 桓武天皇登基时已经44岁，而当时日本人的寿命为30—40岁。

有道是怀璧其罪，桓武天皇就算能感知到早良亲王的赤诚，但早良亲王的地位和威望却使他如鲠在喉。况且，桓武天皇在被立为太子之前，不也曾一度表明无心于皇位吗？更让天皇感到碍眼的是，早良亲王还曾经以僧人身份主持过东大寺的运营。东大寺，恰恰是桓武天皇所忌惮的南都僧团的重镇华严宗的大本山。[①] 对于为了躲避南都僧团的政治影响力而营造新都的天皇来说，没有谁比一位有着南都僧团背景的皇太子更值得怀疑了。

这一切，都导致桓武天皇将矛头指向无辜的亲弟弟。

所以，不管早良亲王如何哭诉自己的冤屈，请求当面辩解，心怀猜忌，担心自己儿子会成为第二个他户亲王的桓武天皇，不但铁石心肠地拒绝接受亲王的辩解，甚至连见亲弟弟一面都不愿意。

延历四年（785 年），早良亲王因暗杀藤原种继的罪名，被废皇太弟位，幽禁于乙训寺，后被流放淡路岛。哭诉冤屈无果的亲王，最终在绝食十余天后，于流放途中愤慨而亡。

得知亲王死讯时，桓武天皇是庆幸解决了心病，还是有几分愧疚，今天已不得而知。但可以肯定的是，困扰其一生的噩梦，才刚刚开始。

---

① 甚至东大寺的建立，都与当时民间的反王权活动有着非常密切的关系。下一章会详细讨论。

二 怨灵作祟

早良亲王过世后第二年，桓武天皇的宠妃藤原旅子的生母去世，藤原旅子就是桓武天皇登基一事的主谋藤原百川的女儿。这时，桓武天皇可能还没有把岳母之死与含冤而死的早良亲王联系起来，毕竟岳母年事已高，当成自然死亡亦无不可。

然而，两年后，30岁的旅子竟也撒手尘寰。

紧接着，延历八年十二月，桓武天皇的生母高野新笠溘然长逝。

3个月后，31岁的皇后藤原乙牟漏也西归而去。

同年七月，另一位妃子紧跟着呜呼哀哉，甚至连取代早良亲王成为太子的安殿亲王也于这一时期开始卧病在床。

身边的亲人连遭变故，最疼爱的儿子一病不起，此时的桓武天皇是否想起了老丈人藤原百川被井上皇后和他户亲王母子追魂夺命的传言，我们不得而知。只不过延历九年（790年），桓武天皇以淡路岛的郡司们守卫管理早良亲王陵墓不善，导致亲王作祟为由，命令郡司们必须专职负责警卫早良亲王陵墓，防止陵墓出现"滥秽"。①

但这种敷衍了事的做法不仅未能平息亲王的怨恨，反而引

---

① 这里的防止滥秽很可能是双关语，除要求保证陵墓清净外，也可能含有防止黄泉之国的污秽之力溢出，为祸世间的意思。

来更大规模的作祟。

延历九年（790年）三月，纪伊^①、美作^②、淡路^③、飞弹等6国爆发饥荒^④，并于次月蔓延到和泉^⑤、三河^⑥、近江^⑦等15国，^⑧九州太宰府管辖区内的饥民人数据说一度达到88000人。^⑨

延历十年，各地灾害依旧没有平息的迹象。

四月，新都所在的山城国内诸寺佛塔遭到破坏。^⑩

五月，全国各地旱灾、瘟疫频发。丰后、日向、大隅、纪伊四国再度爆发饥荒^⑪，持续不断的灾害导致社会秩序动荡不安。

八月四日，由皇室所祭祀的伊势神宫因盗贼入侵而发生大规模火灾，正殿、财宝库、御门均被烧毁。^⑫

延历十一年，阴阳寮在为久病不愈的安殿亲王占卜时，明

---

① 今和歌山县。

② 位于今冈山县与兵库县。

③ 位于今兵库县淡路市。

④ 《续日本纪》延历九年三月辛亥条。

⑤ 位于今大阪府和泉市。

⑥ 位于今爱知县东部。

⑦ 位于今滋贺县。

⑧ 《续日本纪》延历九年四月乙丑条。

⑨ 《续日本纪》延历九年八月乙未朔条。

⑩ 《续日本纪》延历十年四月戊申条。

⑪ 《续日本纪》延历十年五月辛未条。

⑫ 《续日本纪》延历十年八月辛卯条。

确得出是早良亲王作祟的结果。早就疑神疑鬼的桓武天皇马上派人前往淡路岛亲王墓前谢罪。[①]

之前修缮陵墓都没用，现在认个错人家就会买账？

八月，山城国豪雨不断，淀川泛滥成灾，长冈京也化为一片泽国。[②]

这下桓武天皇吓得连自己苦心经营的长冈京也不敢住了，第二年元月一过便下令拆毁长冈京，迁都平安京，鬼神乱舞的平安时代自此拉开帷幕。

当时为防止亲王的怨灵再度作祟，朝廷汇集当时的密教高僧、咒术者、阴阳师的意见，设计成封杀所有怨灵的咒术空间：北方有玄武"船冈山"，东方有青龙"贺茂川"，南方是朱雀"巨琼池"，西方则是白虎"山阳""山阴"二道。玄武、青龙、朱雀、白虎，四神相应。

在位于平安京东北角，被视为京都鬼门的比叡山，更是请来刚刚从大唐求法归来的高僧最澄（767—822 年），在此建立延历寺，试图借此封住各路魑魅魍魉的进京之路。（英明神武的桓武帝恐怕做梦也不会想到，用来封杀魔物进京之路的延历寺，日后竟会化作"天狗"之巢穴，在数百年间搅扰得平安京中的当权者不得安宁。）

---

① 《日本纪略》延历十一年六月癸巳条。
② 《日本后纪》延历十一年八月辛卯条。

延历十六年（797 年），皇宫正殿发生雉鸡云集的怪异。这要放在古代中国，无疑会被当作显示君王治世的祥瑞之兆，但早已杯弓蛇影的桓武天皇却被吓得马上请来高僧，在宫中举行祓除灾异的法事，并再次派两位僧人到淡路岛早良亲王陵墓前读经，谢罪悔过。①

可惜，这些举措连隔靴搔痒的功效都没起到。

延历十九年三月，被视为神山的富士山喷出烈焰，附近的天空和河川被火光染成一片赤红。火山灰足足降了 35 天。②

七月，吓破胆的桓武天皇追封早良亲王为崇道天皇，恢复被老丈人藤原百川害死的井上内亲王的皇后之位，还正式将二者的坟墓改建为山陵，同时派遣阴阳师与僧人去安抚亲王的冤魂。③

至此，这位打压豪族、征讨虾夷，在内政与军事上无往不利、罕逢敌手的天皇，终于彻底屈服于亲王怨灵的淫威之下。④

怨灵作祟背后的政治逻辑

为何桓武天皇会如此畏惧亲王的怨灵？要知道，与大多数

---

① 《日本后纪》延历十六年六月戊戌、甲辰、乙巳条。

② 《日本纪略》延历十九年六月癸酉条。

③ 《日本纪略》延历十九年七月己未条。

④ 当然，鬼神之说不能作为正史，更可能的情况是，桓武帝输给了自己对早良亲王残忍行为的愧疚。

天皇不同，桓武天皇可是极少数职业官僚出身的天皇，而且还曾经以大学头的身份主持过大学寮。大学寮是当时日本的最高教育机构，其使用的教材也以儒家典籍为主。作为一位曾经主持过大学寮的职业政客，桓武天皇也曾饱读儒书，不可能不懂"子不语怪力乱神"的道理。

记纪中所记载的一件陈年旧事，或许能够为解答这一疑问提供些许线索。

崇神天皇五年，日本列岛暴发了大规模瘟疫，民众死伤惨重。次年，因瘟疫引发的叛乱严重动摇了大和王权的统治秩序。面对一连串的天灾人祸，崇神天皇束手无策，惶恐不安，唯有夜以继日地求神问卜、向神灵请罪。①

或许是其虔诚感动了神灵，崇神天皇七年，天皇再次问卜之时，有神灵凭依于大长公主倭迹迹日百袭姬（类似丁天父附体杨秀清那样），发下神谕，自称乃倭国城内所居之大物主神，若能获得祭祀，必将的弭平灾厄。②

崇神天皇虽立刻祭祀大物主神，然灾厄犹不止。无奈之下，天皇不得不沐浴更衣，祷告神灵，祈求其于梦中再示神谕。果然当夜大物主神便现身于天皇梦境之中，他告知天皇，国中灾厄，皆因其而起，若能命其子大田田根子祭祀，不仅灾厄立平，

① 《日本书纪》崇神天皇五年、六年条。
② 《日本书纪》崇神天皇七年条。

国将大治，甚至连海外之国
也会服从天皇统治。天皇遂
依照大物主神的神谕，寻找
到大田田根子，命其主持祭
祀大物主神，果然灾厄消
散，家国丰饶。

　　大物主神作祟事件虽
然看起来充斥着怪力乱神之
说，但正如我们在一开始便
已经强调的那样，相较于对
历史记载的真实性进行训诂
考据，更重要的是去理解其

大物主神

叙事结构中所蕴藏的重要信息。就此而言，这段记载最引人深
思之处，恰恰在于大规模的瘟疫引发了足以震撼朝廷统治秩序
的叛乱。而这一连串的天灾人祸，又因为寻找到能够祭祀大物
主神之人，并对大物主神进行正确的祭祀而得以平息。

　　那么，为何记纪的编撰者在讲述这段历史的时候要选择这
种叙事结构呢？

　　如前所述，在祭政一致的古代日本，作为巫王的天皇肩负
着通过祭祀调和自然万物的重要使命，面对被视为灾厄的各种
自然灾害，天皇必须通过不断地施展咒术、展现奇迹来平息这

些灾厄，才能继续保持自身的克里斯玛，进而维持君临日本列岛的合法性。

在大物主神作祟事件中，瘟疫之所以会引发叛乱，很可能是因为崇神天皇的咒术无法平息瘟疫，导致克里斯玛受损，其统治合法性遭到怀疑。所以面对瘟疫所引发的叛乱，崇神天皇并未如中国皇帝一样派兵镇压，而是听信百袭姬所降下的神谕，尝试平息大物主神的怒火。之所以这里是由百袭姬降下神谕，很可能是因为有着皇族身份的她，正扮演着祭祀大物主神巫女的角色。

在第一章中我们曾经提及，神武天皇在登基之后，通过迎娶祭祀大物主神的巫女媛蹈鞴五十铃媛来夺取祭祀大物主神的权力。随后大和王权更将大物主神由大和地方的神灵升格为万物之神米强化朝廷的权威。虽然在记纪中没有太多记载，但由大物主神凭依在百袭姬身上降下神谕的记载来看，我们有理由推测，一直到百袭姬为止，祭祀大物主神的权力很可能在皇族女性中世代传承。

天皇根据百袭姬所降下的神谕来祭祀大物主神也未能获得成效的记载，很可能意味着天皇一族对大物主神祭祀权的把持也遭到了质疑。正是在这种局面下，出现了名为大田田根子①的

---

① 《古事记》为意富多多泥古命。

人物。

大田田根子乃茅渟县陶邑人，其嫡系后裔大神氏（三轮氏）的氏名，发音为みわ，也即三轮之意。而"三轮"一词，在日语中多用来形容制作陶器时黏土重叠而产生的轮样。在日本早期国家中，诸氏族都承担着特定的职能，而其氏族的名字，则往往与其所承担的职能有着极其密切的关系。

比如大伴氏是天皇的亲卫队，故取伴随、伴驾之意，被命名为大伴氏。承担军事职能的物部氏，因为负责管理军事器械及祭祀器物，而被命名为物部氏。从三轮氏的命名来看，应该是与陶器有关的氏族。这也与大田田根子出自茅渟县陶邑的记载相吻合。

此外，这里的陶器并非指一般的陶器，而是须惠器。须惠器又被称为祝部陶器，5世纪中叶自朝鲜半岛传入日本，主要用于祭祀与陪葬。三轮氏既然是与须惠器相关的氏族，则很可能是5世纪中叶经朝鲜半岛进入日本的渡来人氏族。此外，《日本书纪》中有不少大神氏（三轮氏）被派往朝鲜半岛进行外交活动的记载，也暗示出三轮氏与朝鲜半岛之间的渊源。那么是否存在这样一种可能，即瘟疫其实来自朝鲜半岛，所以日本列岛的本地居民根本没有办法应对。但与朝鲜半岛颇有渊源的三轮氏很可能掌握着应对这种疫情的医疗技术，所以才能够平息瘟疫。

这里需要注意的是，即便三轮氏掌握着平息疫情的医疗技术，大和朝廷依旧选择通过让其祭祀大物主神的方式来平息疫情。这充分说明在古代日本人的认知中，通过祭祀来安抚神灵的愤怒，是调和人与自然关系、平息灾厄的主要手段。而朝廷恰恰是利用这一点，在皇室主导的祭祀仪式失败之后，不惜将祭祀权转移给三轮氏，同时将三轮氏收编到朝廷所主导的国家祭祀体系之内，以此来维系朝廷的统治。

那么，这桩陈年旧事与桓武天皇对怨灵的畏惧，有着怎样的内在联系呢？

记载大物主神作祟事件的《日本书纪》成书于养老四年（720 年），离早良亲王作祟事件爆发不过 70 年。而且作为日本历史上第一部官修正史，《日本书纪》如同所有的官修正史一样，承载着言说朝廷统治合法性的重要使命。换言之，在早良亲王怨灵跳梁跋扈的年代，通过咒术与祭祀镇抚狂暴的神灵，调和人与自然的关系，防范并平息灾厄，依旧是天皇统治合法性的主要来源。

就此而言，将连续不断的天灾人祸视为被桓武天皇迫害至死的早良亲王怨灵作祟的结果，无异于将桓武天皇本人当作一连串灾厄的元凶。这对于本来就得位不正又无法平息灾厄的桓武天皇而言，无疑是极其严重的统治合法性危机。可是在相信亡者作祟以及要求天皇以祭祀和咒术平息灾厄的古代日本，桓武天皇又不可能依据儒家的理性主义观念来否定早良亲王怨灵作祟的可能性。因此，只能不断以祭祀和咒术来尝试平息亲王的怨念。但只要各种灾厄层出不穷，朝野中的桓武天皇反对者就可以借题发挥，通过宣扬亲王怨灵作祟来发泄对桓武天皇的不满，最终使天皇本人也对怨灵的存在深信不疑，陷入对怨灵的无尽恐惧之中。

桓武虽死，作祟不止

延历二十四年（805年）元月，担心早良亲王作祟的天皇又下令在淡路岛建立安抚崇道天皇怨灵的灵安寺。

三月，赦免所有因藤原种继暗杀事件而遭流放或抄家的罪人。

四月，将早良亲王的忌日定为国定忌日。

五月，于纪伊国（和歌山县）伊都郡建立祭祀早良亲王的三重塔。

据《日本后纪》记载，这个时期的天皇，时常涕泗交加地向近侍忏悔自己对弟弟所犯下的罪行。

延历二十五年（806年）三月十七日，开启平安时代的一代雄主桓武天皇卒于宫中，一直到断气的那一刻，天皇也未能从对早良亲王怨灵的恐惧中解脱出来。

据说在天皇去世后，东宫的寝殿中竟出现血迹，时人纷纷猜测天皇之死与早良亲王的怨灵有着某种关联。①甚至还有人声称天皇弥留之际，看到早良亲王的怨灵在其枕边徘徊。

时至今日，这些传言已真假难辨。但可以确定的是，怨灵作祟，并未随着天皇去世而中止，桓武天皇也绝非最后一位死在怨灵作祟时期的天皇。

大同二年（807 年），伊予亲王与其母藤原吉子因谋反被捕。随后不久，便与早良亲王一样，于幽禁之所川原寺内去世。②

大同四年，刚登基不久的嵯峨天皇抱病，朝廷下令让 130 人出家，以镇抚早良亲王、伊予亲王、藤原吉子三人的怨灵。③

早良亲王的怨灵没有被镇抚，反而又多出伊予亲王、藤原吉子两人的怨灵。

但这并不是终局，据《三代实录》贞观五年（863 年，非唐太宗年号）记载，作祟事件愈演愈烈：

所谓御灵者，崇道天皇（早良亲王）、伊予亲王、藤原夫人（藤原吉子）及观察使（藤原仲成）、橘逸势、文室宫田麻吕等

---

① 《日本纪略》延历二十五年三月辛巳条。
② 《日本后纪》大同二年九月乙未条。
③ 《日本后纪》大同四年秋七月乙丑条。

是也。并坐事被诛，冤魂成厉。近代以来，疫病频发。天下以
为此灾御灵之所生也。

这里出现的六位御灵（怨灵），除前面已经提及的三位，
观察使藤原仲成乃平城天皇宠妃藤原药子的兄长，因图谋让平
城天皇重掌朝政而于弘仁元年（810 年）被嵯峨天皇逮捕后私
刑处死。橘逸势与文室宫田麻吕则因卷入藤原氏清洗其他中央
氏族的承和之变 [1] 而被流放，并在流放途中先后病故。这三人
中，除藤原仲成算是愿赌服输外，另外两人完全是藤原氏扩张
权势的牺牲品。

有趣的是，经历过早良亲王作祟事件的民众，竟认为近年
来所频繁暴发的瘟疫，都是这些人含冤而死化为怨灵作祟所致。
考虑到造成这些人含冤而死的天皇与藤原一族，正是身居庙堂、
大权在握的当权者，那么，民众对灾异的解读，无疑是在指责
当权者的乱政失德。

更让当权者难堪的是，坚信天灾乃怨灵作祟所致的民众，
开始自发集合起来，频频开办镇抚怨灵的御灵会。

据《三代实录》记载，镇抚早良亲王等人怨灵的御灵会，

---

① 承和之变是承和九年（842 年）因废立太子而引发的一场阴谋。阴谋策划者藤
原良房借此将道康亲王送入东宫，而且也给予名族大伴氏（伴氏）和橘氏以重大打
击，另外，还让同为藤原氏的竞争对手藤原爱发、藤原吉野垮台。

以平安京为发源地，逐步扩展到日本列岛各地。在这些御灵会上，不仅请来高僧诵经礼佛，镇抚冤魂，甚至还举行骑射、相扑等各种活动，活脱脱把祭祀办成祭典。到贞观年间居然还发展成定期举办的风俗活动。①

这已经不是暗喻，简直就是在通过祭祀被王权迫害致死的冤魂，公然发泄对王权的不满。面对这些不愿体谅朝廷难处的"刁民"，朝廷是如何应对的呢？

据《日本后纪》弘仁三年（812年）九月二十六日条记载：

敕：怪异之事，圣人不语；妖言之罪，法制非轻。而诸国，信民狂言，言上宴繁，或言及国家，或妄陈祸福，败法乱纪，莫甚于斯。至今以后，有百姓辄称宣者，不论男女，随事科决。但有神宣灼然，其验尤著者，国司检查，定实言上。

这条朝廷发出的敕令很有意思，虽然借"子不语怪力乱神"的教条，指责各地妖言惑众之徒。但到了后半段，却底气不足地表示：若确有灵验者，国司必须据实禀报。

归根到底，与早已脱离神文时代的中国不同，当时的日本依旧是一个为鬼神所眷顾的国度。哪怕有少数人，比如发布敕

---

① 《三代实录》贞观五年五月廿日壬午条。

令的嵯峨天皇（809—823 年在位），因为饱读儒家经典而对怪异之事嗤之以鼻，但包括贵族朝臣在内的大部分日本人，相较于儒书的教诲，还是更相信鬼神之说。

嵯峨天皇像

> 先帝遗诫曰，世间之事，每有物怪，寄崇先灵，是甚无谓也者。今随有物怪，令所司卜筮，先灵之祟，明于卦兆，臣等拟信则忤遗诰之旨，不用则忍当代之咎，进退维谷，未知何从……卜筮所告，不得不信……朝议从之。①

面对占卜得出怨灵作祟的结论，朝臣们打心里想相信，但是又碍于嵯峨天皇遗训而左右为难，最终讨论良久，还是觉得当下的占卜结果更为重要。

值得注意的是，主持这场朝议的，不是别人，正是刚刚通过承和之变而大权独揽的藤原良房。

---

① 《续日本后纪》承和十一年八月五日条。

藤原良房同样熟读儒家经典，按正常思维来看，从根本上否定怪异之说，可以有效杜绝政敌及"无知刁民"对他的攻讦，更何况他还是一个心狠手辣的老官僚，无论是理论还是施政，他都有理由全方位反驳怨灵作祟之说。但是这场由藤原良房主持的朝议，还是对占卜的结果深信不疑，甚至不惜无视天皇的遗训。

这里头恐怕有着难以明言的苦衷。

天皇统治的合法性基础本就充满了鬼神之说，如果彻底否定这类怪异事件，那就是作法自毙。对于这些政治斗争失败的怨灵，胜利者也只能作茧自缚，无可奈何。

如果连高高在上、把持朝政的当权者，都因为各种苦衷而不得不相信怨灵作祟的怪异之说。被朝廷派往各地捞钱的国司们，又哪来的底气去镇压在地方已渐成气候的御灵会呢？

不过，尽管朝廷对怨灵充满畏惧，且缺乏底气去镇压御灵会，但这并不能解释对怨灵的畏惧何以会发展成带有强烈反王权性格的御灵会，更无法解释民众为何会积极参与到御灵会之中，通过祭祀被王权迫害致死的冤魂来发泄对王权的不满。

这就涉及另外一股意想不到的势力。

三　密教僧侣与御灵会

在中国古代历史上，皇权几乎渗入了包括意识形态在内的人们生活的每一个角落，一切不被官方认可的民间祭祀对象都会被斥责为"淫祀"。可是，在意识形态的层面，民间却始终保持着与朝廷、士大夫精英之间的抗衡能力。如果仔细梳理一下历史的发展进程，我们会惊奇地发现，在这个层面的较量中，最终取得胜利的往往是民众一方。

以《封神榜》为例，在这部作品出现之前，正规道教并没有十二金仙①的说法，可到现在几乎所有知名的道观，都会祭祀十二金仙。佛教四大天王本非道教神祇，但是经《封神榜》编排后，不少佛教名山古刹不得不刻意提醒：四大天王并非魔家四将。妈祖信仰，也是民间先进行祭祀，再获得朝廷认可的。

要知道，大部分情况下，中国的朝廷与士大夫的意识是高度重合的，但即使在这种铁板一块的政治氛围下，民间仍然能够表现出对意识形态强大的话语权。在日本这种朝廷并没有超强统治力，也没有特别高明的统治技术加持的国度，就更不必说了。

① 《封神演义》中元始天尊的十二位弟子，分别是：广成子、赤精子、黄龙真人、惧留孙、太乙真人、灵宝大法师、文殊广法天尊、普贤真人、慈航道人、玉鼎真人、道行天尊、清虚道德真君。

与忠君报国、为王前驱的中国神仙相比，日本的怪异完全是不可理喻的存在，不仅频频作祟危害世间，甚至还直接挑战朝廷的统治秩序。尤其是前文所提及的早良亲王作祟，竟然搞得不可一世的桓武天皇惶惶不可终日。

而在这场带有强烈反体制色彩的怨灵作祟事件中，活跃着一股非常值得注意的势力，那便是修行密教咒术的佛教僧侣。

兴风作浪的密教僧侣

《扶桑纪略》中有一段与早良亲王作祟事件相关的有趣记载：

据说早良亲王将被废除太子之位时，曾派遣使者前往诸寺，请求僧侣们为其来世诵经超度。但诸寺僧侣却因畏惧王权，而对亲王的使者闭门不纳。唯有兴福寺的僧人善珠法师面带悲伤迎接亲王的使者，含泪为亲王礼佛，祈祷能消解亲王的怨气。

亲王听闻此事，虽然对善珠的告诫颇为感激，但并未放下对桓武天皇的怨恨，话语中暗藏报复之意。后来亲王怨灵作祟，导致皇太子安殿亲王久病不愈时，善珠也应召进宫，为太子祈福消灾。善珠遂旧事重提，诵读佛经，竟然令太子得以痊愈。因为这一功绩，善珠被晋升为僧正。

这则记载的可信度如何，权且不论，但可以确定的是，善珠确实于延历十六年（797年）被破格晋升为僧纲最高位——僧正，甚至还获得朝廷特许的开山资格，建立了受朝廷保护的秋篠寺。而这一时期，恰恰是早良亲王怨灵为祸最为剧烈之时。也就是说，善珠极有可能是因镇抚早良亲王怨灵有功才获得朝廷的信任与封赏。

值得注意的是，善珠的师父不是别人，正是有名的僧人玄昉。

玄昉（？—746年），俗姓阿刀氏，大和人。出家后师从龙门寺义渊修习唯识论。养老元年（717年），奉敕与吉备真备、阿倍仲麻吕同时入唐，师从智周法师学习法相宗。天平七年（735年）归国，带回经卷5000余卷，其中包括大量密教经典。

所谓密教，是相对于显教而言的。

显教常见，即上座部与大众部。上座部自称大乘佛教，贬大众部为小乘佛教。比较中立的说法则称上座部为南传佛教，大众部为北传佛教。

显教的理论逻辑严密且具有普遍性，是哲学层面的

兴福寺的玄昉坐像

一般思考，所以容易被各种文明的知识精英所接受；但优点同时也是弱点，因为即便是哲学的最基本层面，也是需要思辨的，这对于连识字都很困难的普罗大众来说，教义就显得高深了。

因此，显教的覆盖面只局限于社会上层。他们经常讨论的因明学，就让无数中国的士大夫精英皓首穷经、沉迷其中。这些东西对于普通百姓来说，就是咬文嚼字的教条，没有任何意义，他们所需要的并非智识上的享受，而是能够立竿见影带来成效的巫术与奇迹。

这就给了密教发展的空间，可以说密教本就是为纠正显教日益脱离普通信众的弊端而出现的宗派。

密教又称金刚乘，传说释迦牟尼圆寂后，将佛教经典奥义封于铁塔之内。后有活佛揭开封印，获得秘籍经典，由此创立密教。

与显教僧侣追求形而上的哲学开悟不同，密教僧侣认为可以通过咒术性修炼获得法力，借法力赎罪来达到开悟。不难看出，密教本质上是作为普遍宗教的佛教吸收了咒术、奇迹等基层信仰要素的产物。

而密教又根据所奉行的经典，分为杂密与显密。

由于密教是着重吸收咒术、奇迹等秘仪而形成的宗派，故在其诞生之初并没有什么根本经典，而是使用根据所吸收的秘仪不同，随行就市而形成的密部诸经，所以早期密教又被称为杂密。玄昉从大唐带回的密教经卷多为杂密经典。

在密教发展到一定阶段后，密教僧侣们集结出《大日经》与《金刚顶经》两部经文，作为密教的根本大法，也就是所谓的纯密。

唐代密教高僧惠果（746—805 年）又以《大日经》《金刚顶经》为基础，吸收杂密与大乘佛教的诸多要素，开创出空前绝后的宗教理论体系——大乘真言密教。这是密教在中国历史上发展的巅峰，同时也是它最后的荣光。

中国历史上有"三武一宗"的灭佛运动，尤其是唐武宗在强势宰相李德裕的支持下，于会昌年间（841—846 年）发动"灭佛"运动，让高僧惠果所开创的大乘真言密教在中土绝迹。

究其原因，还是触及了朝廷的统治基础。

密教中那些被儒家文人士大夫所斥责为迷信的法术、咒语，正好是底层百姓的心理刚需，而且以此为基础形成的教团往往还有着强烈的自力救济色彩。

对于无法从世俗王权那里获得所需之救济的芸芸众生而言，投靠这些以咒术、奇迹为招牌的教团，便成为其获得救济的最后希望。这些教团一旦发展壮大，必然因占有大量的基层组织资源而动摇朝廷的统治根基。

汉末三国的黄巾起义，就是最典型的例子。哪怕到了唐宋之后，中央朝廷越发强大，已经不存在严格意义上的基层共同

惠果（右）像

体，但像白莲教这种纯粹的利用宗教激起民变的教派，依旧是统治者的心腹大患。

对于朝廷而言，皓首穷经的显教，可以为国家之无上权威增姿添彩。而怪力乱神的密教，却是一把双刃剑：自发组织救济的功能可以在一定程度上缓解民间与朝廷的矛盾，对稳定王权是一种补充手段；不过，强大的动员能力，又极易对王权构成威胁，尽管密教这种组织形态在主观上并没有和朝廷作对的想法。

林林总总的因素，都表明惠果所开创的宗派几乎从一开始就注定了结局。

不过，就在真言密教因为皇权和士大夫的打压而在中国几乎绝迹之时，惠果的教义却经僧人空海（774—835 年）之手，于 7 世纪初期传入日本，得以在东瀛保全命脉。不过彼时早良亲王怨灵作祟，显密佛教才刚刚传入日本，故还未获得表现机会。此时利用咒术兴风作浪的，主要还是以善珠为代表的杂密僧侣。

　　其实，日本列岛社会与推崇秘仪与咒术的密教有着极好的相适性，因此早在空海将大乘真言密教传入日本之前，日本本土佛教便已经出现显密合流的迹象。修习密教咒术与秘仪的日本僧人将日本传统的荒神信仰与佛教的超度仪式相结合，创造出颇具日本特色的镇抚怨灵秘仪。

　　在善珠法师因镇抚早良亲王怨灵有功，而被任命为僧正的延历十六年（797年），主持比叡山延历寺的最澄（767—822年）也应召进宫，主持举办镇抚怨灵的法会。最澄在法会上所讲读的愿文与法式，于弘仁年间被整理为"三部长讲会式"。

　　在"三部长讲会式"中，所镇抚的怨灵，除早良亲王、井上皇后、他户亲王外，竟然还包括桓武天皇征讨虾夷过程中杀戮的虾夷诸首领。而且，愿文明确提出希望这些作祟的怨灵化身为日本国守护神。虽说表面用的是外来的佛教《法华经》，但其内核却与记纪神话中记载的祭祀荒神秘仪别无二致。

御灵信仰产生的社会背景

　　从"三部长讲会式"来看，密教僧侣和日本朝廷似乎处于一种良性的互动之中，他们通过吸收日本本土的秘仪，炮制出镇抚御灵的祭祀活动，呼应了当权者对怨灵的恐惧，在为统治者服务的同时，还可以借此抬高自己的身价。

而且，将桓武天皇和他的政敌放到同等的地位祭祀，也没有违背日本的传统。不过，结合当时的时代背景来分析，恐怕不会这么简单。

日本在桓武天皇之前，不断派出遣唐使向中国学习政治制度，桓武天皇的种种作为，更足以表明他在向中国式帝王靠拢。

"三部长讲会式"这种情况，类似于李世民之后的唐朝皇帝不仅把李建成、李元吉放到与李世民同等的地位祭祀，甚至连窦建德、王世充也享有相同的待遇。以中国帝王为榜样的桓武天皇肯定是不能接受的。

虽然他确实册封早良亲王为崇道天皇，并在去世的前一年赦免所有因藤原种继暗杀事件而被处罚之人，甚至一再向身边人忏悔自己错怪了亲王，但这一切，与其说是良心发现，不如说是为安抚怨灵背后的反体制势力的无奈之举。

说到底，这并非桓武天皇个人的问题。纵观古今中外，很少有当权者会因良心发现而承认错误。

"司马昭之心，路人皆知。"少帝曹髦被害死，如果没有司马昭在背后支持，那些武士就算头脑发热，也不敢弑君。事后，司马昭在少帝的灵位前又是忏悔，又是追究凶手。然而，在现实政治中，司马氏收手了吗？

即便是离现在较近的明朝历史中，朱祁镇也是将错就错冤杀了于谦，对这一切的源头土木堡之变却没有丝毫反省之意，如果说要追究这一切事端的责任人，朱祁镇本人才是始作俑者。

无论是桓武天皇，还是其继承人，无疑都跟司马昭、朱祁镇一样，不是什么会良心发现的人。这种当权者，他们自己和御用文人互相配合，吹捧自己的高贵上限，已经司空见惯了，而我们却要对他们的猥琐下限做最猛烈的估计。

所以，僧侣们将被王权迫害致死之人的冤魂放在与桓武天皇同等重要的地位进行祭祀，甚至亲自举办祭祀这些冤魂的御灵会，只能说明当时日本的社会矛盾已经发展到非如此不足以缓和的严重地步。

前一节中，我们曾提及桓武天皇的种种文治武功，他的儿子嵯峨天皇则继承了他的集权政策，进行了更深入的政治改革。这对父子的一连串政治改革，从根本上改变了律令制国家的面貌。

在中央，嵯峨天皇通过设立藏人所、检非违使等直属天皇的令外官系统，与藤原氏联手夺取了原来由大部分氏族贵族世代承袭的职权。

例如，原本掌握神祇系统实权的忌部氏就被藤原氏逐步架空。而检非违使的出现，则使得大伴氏等氏族失去了军事实权。藏人所的出现，则让刚刚抬头不久的橘氏彻底一蹶不振。

在这一连串的操作之下，朝廷大权渐渐由天皇及以天皇为后盾的藤原氏所垄断，过去诸氏族大夫合议的政治格局遭到严重破坏。

不过，相较于儿子对中央制度的改革，桓武天皇在地方上所推行的兵制改革，影响更为深远。

在桓武天皇登基之前，日本所推行的兵制是根据户籍征召兵士的军团制。军团有大、中、小三种编制，人数分别为1000、600、500。作为地方行政单位的诸令制国，根据实际情况编成1—4个军团，各国在编兵力为1000—4000人。

桓武天皇践祚后，于延历十一年（792年）六月改军团制为健儿制。除征讨虾夷的前进基地陆奥国、出羽国、佐渡国三国以及防范海上入侵的西海道诸国外，其余51国的军团全部遭到废止，代之以新设的健儿。各国在编健儿定额为200—300人不等。全日本51国健儿总数仅为3155人，甚至还不及九州筑前国一国在编军团士兵人数多。

桓武天皇改革兵制，明面上的理由是解除百姓的兵役负担。但这样一位老官僚出身，为了权力连至亲的弟弟都不放过的天皇，怎么可能考虑百姓的苦衷？

过去所推行的军团制，虽然名目上是按户籍征召士兵，并以评或郡为单位编组，但军事指挥权完全掌握在由郡司所主导的郡衙。而前面我们曾提到过，日本的郡司完全是由豪族充任且世代承袭的职位。也就是说，所谓模仿大唐府兵制建立的军团制，本质上依旧是通过豪族所征召的豪族武装来支撑。朝廷所派遣的国司或将军，其实无法越过作为豪族的郡司直接征调及指挥军团士兵。

恰好此时桓武天皇大力改革地方行政，裁撤郡司，置敕旨田。为了推行这些地方行政改革，自然要给国司下放更多的权限，这免不了要与作为地方豪族的郡司发生直接冲突。

那么，桓武天皇在此时废除军团而行健儿的真实目的，恐怕并非如其所宣称那样解除百姓兵役负担，而是借此解除郡司所掌握的兵权，以为国司在地方为朝廷敛财开路。

实际上，正是从桓武朝开始，史料中关于国司乱政、依托王权欺压民众、强制将私田收为公田的记载逐渐增多。当然，桓武天皇将权限下放给国司，纵容其乱政敛财，也有不得已的苦衷，毕竟两建新都、三征虾夷、整顿地方行政，每一项都是烧钱的大工程。

只可惜日本的豪强刁民，多为不服王化之徒，只关心自己的利益是否受到王权侵害，丝毫不体谅朝廷的难处。同样不体谅朝廷难处的，还有那些在王权中枢政治斗争中被排挤、架空的没落贵族。他们虽然也饱读诗书，但却没有一点"雷霆雨露，莫非天恩"的家国情怀，一逮着机会就肆意地宣泄对朝廷的不满与怨恨。

而随着朝廷中央集权政策的日益推进，豪强刁民与没落贵族的队伍也会越发庞大，很快便使整个社会充斥着反体制的空气。然而与此同时，无论是京都的没落贵族，还是地方的豪强刁民，都还处于迷茫之中，不知道应该如何反抗王权的侵害，更不知道如何发泄对王权的不满。

在这种情况下，密教僧侣所建构的御灵信仰，无疑给这些迷途羔羊提供了一个绝佳的发力点。

因为这样做，既能够通过祭祀被王权迫害致死的冤魂，宣扬王权的残暴；又可以利用民众相信亡者作祟的集体潜意识，将当下频频暴发的灾疫与王权迫害致死的冤魂联系起来。既然灾疫乃被王权迫害致死的冤魂作祟所致，那么导致冤魂的当权者，自然就成了疫情的始作俑者。由此，社会大众对疫情的恐惧就被巧妙地转化为对王权的愤恨。

当然，这一切都离不开那些掌握咒术，能够展示奇迹的密教僧侣的合作，毕竟唯有他们才具备将旧有的灾祸观念与佛教的因果报应联系起来的能力。终于，原本仅限于受害者遗族的怨恨情绪，与反体制的社会空气合流，从而为一系列声势浩大的反体制社会运动提供了有利的精神支柱。

幸运的是，王权的反对者并不缺乏密教僧侣的合作。修习密教的僧侣如此之多，并不是每位佛爷都能如善珠法师或最澄上人那样获得朝廷的青睐。

于是，在民众与密教僧侣的加持下，原本只是祭祀冤魂，以发泄对王权不满的御灵会，竟发展为声势浩大的反体制社会运动，使得朝廷越来越难以应付。

人们在御灵会上，通过诵读佛经安抚超度冤魂，揭露王权的罪恶，同时还举行歌舞、相扑、骑射等丰富多样的活动。既借此平复御灵的怨气，又能让御灵会的参与者排解平日的烦恼和不满，进而达到烘托御灵怨恨、激发在场者共鸣的效果。

对朝廷心怀不满的群体越庞大，御灵会的声势就越浩大，被奉为御灵的冤魂与日俱增，正可谓反体制社会运动蓬勃发展的鲜明写照。

在前述《三代实录》关于御灵会的相关记载中，强调了御灵会是以平安京为策源地，向日本列岛扩散开来的祭祀活动。而"三部长讲会式"是我们目前能够找到的最早将怨灵称为御灵的历史文献。而最澄所主持的延历寺，恰恰又是位于京都东北角鬼门的比叡山。根据这些信息，谁是御灵会这一遍及日本列岛的反王权社会运动的重要媒介和推手，恐怕已不言自明了。

有苦难言的朝廷

面对声势浩大，公然向王权叫板的御灵会，朝廷方面有苦难言。

虽然对于御灵会的反王权性格心知肚明，但既然一开始早良亲王作祟时，大家都一致针对桓武天皇的"倒行逆施"，朝

位于今日本奈良的崇道天皇陵

廷先是频频召请密教高僧来作法镇抚怨灵，又是让人剃度出家来专门为亲王祈福，最后甚至一味谢罪以求太平。那么，对于现在民众将天灾视为怨灵作祟的结果，进而召请密教僧侣举办超度怨灵的御灵会的做法，朝廷也没办法反对。

于情，这些被祭祀的怨灵，都是朝廷亲自承认，并昭告天下平反的含冤之人；于理，朝廷召请密教高僧举办镇抚怨灵的法会，相当于从理论上认可了民众为镇抚怨灵、消除灾厄而召请密教僧侣举办御灵会的合理性；于法，律令条文中没有任何一条否定民间举办祭祀活动的合法性。说到底，日本这种由祭祀共同体累层叠加而形成的豪族联合体，从法理上就不存在如中国一样否定民间祭祀合法性的可能。

有道是打不过就加入。

据《三代实录》记载：贞观五年（863 年）初暴发大规模瘟疫，民众大量死亡。趁此机会，朝廷于五月二十日主动举办御灵会。在皇家禁苑神泉苑设下崇道天皇等六人的御灵灵位进行祭拜，并招请高僧慧达讲说《金光明经》《般若心经》，还令雅乐寮^①奏演日本雅乐及唐、高丽歌舞。

主持这次御灵会的，乃左近卫中将、藏人头藤原基经。而此人的养父，正是将此次被祭祀的橘逸势与文室宫田麻吕迫害致死的太政大臣藤原良房。

这次的御灵会规模极其浩大。不仅除天皇外的公卿贵族悉数出席，连神泉苑也于当日大开四门，允许平安京内外百姓自由出入皇宫禁苑观看法会盛况。朝廷试图将民间御灵会完全吸纳到自己体系中来的用意昭然若揭。

更值得注意的是，朝廷召请的高僧慧达所讲说的经文中，既包括护国经典《金光明经》，也有密教经典《般若心经》，体现出朝廷试图通过将密教经典与护国经典融合的方式，将已经被密教正当化的民众的反叛心转化为护国心。

如此种种，也是朝廷一直以来的常见套路。就如同前面所提及的神武天皇祭祀荒神、崇神天皇将皇室的大物主神祭祀权移交给三轮氏一样，本质上都是通过祭祀仪式将反体制的力量化为官用。

不过，朝廷的图谋似乎并未获得理想的结果。

在贞观五年官办御灵会举办的第二年，朝廷向诸国发布禁

---

① 雅乐寮是古代日本乐舞的教育机构，教习古来的日本传统乐舞和外来音乐。雅乐寮一词初见于 8 世纪初。701 年日本大宝律令制确立后，雅乐寮被划归治部省，是古代日本音乐制度中最早的音乐机构。

止民间举办御灵会的敕令，同时每年都举办由朝廷所主办的官办御灵会。也就是说，朝廷试图以官办御灵会来彻底取代带有反体制色彩的民间御灵会。

但在接下来的史料记载中，朝廷所主办的御灵会却一时失去踪影，反而是朝廷必欲除之而后快的民间御灵会越办越红火。

归根结底，与任何文明一样，只要产生政治问题的矛盾没有得到解决，政治博弈就绝不会中止。因此，无论平安朝廷怎样试图将民间御灵会化为官用，只要朝廷继续以强硬的姿态推行中央集权政策，其与坚持传统习惯法的贵族豪强间的矛盾就无法获得根本性解决。有道是"防民之口，甚于防川"，御灵会只是反体制势力发泄对王权不满情绪的窗口而已，在没有解决根本性矛盾的情况下，朝廷试图以偷梁换柱的手法来封堵这个带有反体制色彩的情绪发泄窗口，无异于缘木求鱼。

事实上，不仅朝廷与贵族豪强之间的矛盾没有获得解决，游走于二者之间的密教僧团，也伴随着自身的成长，开始出现自立的倾向。这三方势力将会在下一次怨灵作祟事件中再决雌雄。

四　雷神之怒

延喜年间（901—923 年）的某个夏夜，在比叡山延历寺

修行的高僧尊意（866—940
年），迎来了一位意想不到的
"访客"。他就是曾官至右大
臣，后因政敌陷害而左迁太
宰府的菅原道真（845—903
年）。虽说道真已于前不久被
朝廷平反昭雪，不仅官复原
职还追加一品，但在平反之
前，道真已在太宰府郁郁而
终。故眼前的道真，必是鬼
魂无疑。

菅原道真像

　　见尊意如此惊疑不已，道真遂将来意缓缓道来：

　　我得梵天·帝释天之命，故神祇亦不可谏止。我欲入花洛
（平安京），近王城，诉流放之艰，报深重之怨。然足下长于法
力，恐有敕诏命汝降我。但念汝与我深结师徒之缘，乞请辞退
敕诏。

　　尊意答复道：

　　师徒之缘三世而定，故虽遭挖眼拔舌，亦定当辞退敕诏。

然现普天之下，莫非王土，敕诏若及三度，我亦无计可辞。

听到尊意如此回复，道真脸色立变。此刻，道真正口含尊意用以招待来客的石榴，只见其将一口石榴籽喷吐在身旁的一扇门上，随即消失不见。据传那饱含道真怨恨的石榴籽化为烈焰，将那扇被喷吐的门焚烧殆尽。

此事载于《北野天神缘起绘卷》，时至今日，早已真假难辨。不过在当时的日本人看来，道真怨灵与尊意的这次会面，为平安时代最恐怖的怨灵作祟事件拉开了帷幕。

雷劈清凉殿的天神

延喜八年（908 年）十月七日，参议式部大辅藤原菅根因遭雷击而去世。由于此人是策划流放菅原道真的主谋之一，故朝堂上开始出现道真怨灵作祟的传言。第二年，导致道真被流放的中心人物——左大臣藤原时平（871—909 年）抱病在床。无论是服用从天竺进口的药物，还是召请阴阳师作法都不见起色，最终于四月四日去世。

藤原时平病重之时，曾请来修验道高僧、文章博士三善清行（847—919 年）之子净藏作法祈福。而三善清行本人与藤原时平素有来往，甚至在时平流放道真时亦出力不少。这些因缘使得三善清行也曾前往探视时平的病情。

据传三善清行在问候藤原时平之际，看见道真的冤魂化为两条青龙，显现在时平身旁，并警告清行道：

> 我蒙冤罪遭流放，送命太宰府，如今得天帝（梵天·帝释天）裁许，欲施报于怨敌，尊阁之子净藏屡屡作法护佑，实乃徒劳无功，宜加制止。

心中有鬼的清行立刻命令净藏停止作法，并退出藤原府邸。而藤原时平正是在净藏退出府邸的那一刻，咽下了最后一口气。其实作为道真流放事件的参与者之一，三善清行便一直担心道真冤魂报复，故很早便将儿子净藏送至宇多法皇处出家，修习密教咒法。

但现在看到净藏的法力根本不足以拯救藤原时平免于道真怨灵的报复，三善清行不得不将另一个儿子道贤也送至宇多法皇处出家，甚至还让其深入密教灵山金峰山修行咒法。

在如此煞费苦心的准备之后，三善清行可能真的逃过了道真怨灵的报复，于延喜十八年（918年）寿终正寝，享年72岁。不过其他人可就没这么幸运了：藤原时平长子藤平保忠、女婿皇太子保良亲王以及亲王庆赖王先后去世。

延长七年（929年）四月二十五日，平安宫内外发现形似牛蹄的鬼怪足迹，当夜执勤的北阵卫士甚至宣称有13头巨熊进入阵中，还有人表示在常宁殿看到巨大鬼怪的身影。这些怪异，似乎预示着将有大事发生。

果不其然，就在次年，发生了一件震动朝野的大事件。

延长八年（930年）六月二十六日过午时分，群臣正因久旱不雨而齐聚清凉殿，商议祈雨之事时，忽然有黑云自爱宕山①而来，顿时大雨如注，电闪雷鸣。其中有一道雷电，竟然劈中清凉殿坤角的第一根梁柱，立刻引发大火。大纳言②正三位兼行民部卿藤原朝臣清贯的衣物被引燃，被烧得胸裂而亡。从四位下行右中弁兼内藏头平朝臣希世也被烧得面目全非，倒卧不起。此外，负责警卫的美努忠包被烧光头发致死，纪荫连与安昙宗也被烧成重伤。③这一事件被后世称为"清凉殿落雷事件"。

其实在此之前，朝野上下便已经出现道真的冤魂已成为帝释天的弟子，由此化身为能够操纵飞龙雷电降灾的天神的传言。故当清凉殿落雷事件发生之后，几乎所有人的第一反应都是道真怨灵作祟，特别是流放道真的醍醐天皇（897—930年在位）被吓得一病不起。

醍醐天皇没有桓武天皇那么幸运。据《日本纪略》记载，

---

① 位于京都府西北。
② 律令官职中仅次于左右大臣的高官，又被称为亚相。
③ 《日本纪略》延长八年六月廿六日戊午条。

在清凉殿落雷事件发生后的次月，天皇咳病发作。八月，左大臣藤原定方（873—932 年）前往比叡山延历寺为天皇诵经祈福，希望借助密教的咒术守护天皇远离道真的魔爪，可惜毫无起色。九月二十二日，自知不起的醍醐天皇传位于宽明亲王（朱雀天皇），并于 7 日后与世长辞。

可以说，从早良亲王怨灵作祟，再到菅原道真怨灵雷劈清凉殿，怨灵作祟的等级在不断提升，甚至发展到雷劈象征皇权的皇宫大内，将位居王权顶点的九五之尊也逼入死境的地步。这一切都说明怨灵作祟的反王权性格已经登峰造极到无以复加的境地。

不过，在这次事件中兴风作浪的，可不只有前面所曾提及的杂密僧侣，而是被平安朝廷赋予镇护国家使命的显密僧侣。

化身天神的怨灵

在另一名僧人空海将真言密教传入日本的时候，最澄早就通过镇抚早良亲王怨灵大出风头，俨然已经是日本皇室的御用官僧。因为最澄开创的日本天台宗融合了包括真言密教在内的大量密教咒术，所以被称为台密，相应地，空海的密教则被称为显密。很快，两派就在理念和争夺信众的过程中有了直接冲突。

在道真怨灵作祟事件中，无论是聆听道真怨灵的僧人尊意，还是前往藤原时平府邸为其作法祈福的净藏，皆是以比叡山延历寺为据点的台密僧侣。由于比叡山延历寺是被朝廷赋予镇护国家使命的官寺，这些僧人在道真怨灵作祟事件中的活动，自然有着强烈的守护皇权的色彩。甚至可以说，在经历了之前一连串的怨灵作祟事件之后，朝廷已经对如何应付怨灵积累了丰富的经验。故而有着朝廷背景的台密僧人，在道真怨灵开始跳梁跋扈后不久，便马上做出了反应。

据《北野天神缘起绘卷》记载，天庆五年（942 年），道真怨灵通过附身一位被称为多治比奇子的妇女而降下神谕，要求人们为他在平安京北侧的右近马场一角修建神社。但奇子顾虑自己身份低微，故只在自家附近进行祭祀，结果因不合神意而饱受病痛之苦。

天庆九年，近江国比良神宫的祢宜神种良，也从其七岁的幼子处接到道真怨灵要求祭祀自己的神谕。于是，神种良立即前往右近马场，在与该处朝日寺的僧侣最镇、法仪、镇世等人商议后，合力在右近马场处建立祭祀道真怨灵的神社，也就是日后的北野天满宫。但是，最初获得神谕祭祀道真怨灵的奇子竟然被排除在外，由僧人最镇主管北野宫寺的社务。

为何僧人最镇可以取代奇子主管祭祀道真怨灵的宫寺？仅仅因为奇子出身低微？

根据《北野天神缘起绘卷》记载，支持奇子清扫厅舍、祭祀道真怨灵的，乃是"诸司富豪之辈"，也就是当地豪族。

但僧人最镇等人的背景，要比以当地豪族为后台的奇子厉害得多。

朝日寺本为藤原北家出身的大纳言藤原小黑麻吕与僧人贤璟一起创立的寺院，而贤璟在延历十二年（793年）曾出任比叡山文殊堂的导师。这意味着，朝日寺是由被赋予镇护国家职能的台密僧侣与把持朝政的藤原北家贵族联手建立的寺院。

被赋予镇护国家职能，且与害死道真的藤原北家有着密切联系的台密僧侣最镇等人，取代受当地豪强支持的奇子，获得了祭祀道真的主导权。其中的意味，不言而喻。

尤为值得注意的是，在僧人最镇等人获得祭祀道真怨灵神谕的前一年，也就是天庆八年（945年），还发生了震惊朝野的志多罗神入京事件。

据《本朝世纪》与重明亲王的日记《吏部王记》记载，当时数以万计的民众抬着志多罗神的三座神舆[①]冲入京城举行庆典活动，第一座神舆上甚至写着"自在天神故右大臣菅公灵"。

我们有理由猜测，这次志多罗神进京事件，很可能与过去所发生的御灵会一样，是民众通过祭祀菅原道真怨灵来发泄对

---

①　在日本的祭祀中，当地的居民一定会抬着一个台子，一边喊着相同的口号，一边围着街道转。这个台子的名字就叫作神舆。

王权的不满，并由此催生出天满天神信仰。正是在这样的社会背景下，奇子受当地豪强的支持，开始修建祭祀天满天神（道真怨灵）的神社。

不难想象朝廷以及把持朝政的藤原北家，对于这种带有反王权色彩的祭祀活动，会抱有怎样的警惕之心。所以，有着王权背景，并且与藤原北家有着密切联系的台密僧侣最镇等人，在右近马场修建祭祀天满天神的北野天满宫，从地方豪强手中夺回祭祀天满天神的主导权。或许这种行为本身，就是朝廷招安天神计划的一环。

招安天神

实际上，早在道真怨灵作祟之前，朝廷便已开始以异常娴熟的手法来进行招安。道真于延喜三年（903 年）二月二十五日去世后没多久，朝廷于延喜六年赦免道真嫡子菅原高视，恢复其大学寮长官大学头之职。

皇太子保明亲王去世后，深信太子之死乃道真怨灵作祟所致的平安朝廷，于延喜二十三年四月二十日为道真平反，恢复其右大臣原职，追赠正二位，同时向道真之灵谢罪，并烧毁流放道真的文书。

天庆九年（946 年）村上天皇（946—967 年在位）登基后，

朝廷开始进一步谋求与已经化身为天满天神的道真怨灵和解。

天德三年（959年），手握辅弼大权的右大臣藤原师辅（909—960年）将新建的自家宅第奉纳给天满天神。在当时所进献的祭文中，师辅竟然祈求这位夺去藤原氏多人性命的天神，保佑其一族男女、永沐皇恩、永保官文、子孙昌盛。

不过，此时的天满天神，并未接受招安。

贞元元年（976年）至天元五年（982年），皇宫三次为大火所毁。世间皆认为这是由于北野神社修理不善等朝廷对天神祭祀怠慢所致。于是朝廷于永延元年（987年）在祭祀天满天神的北野天满宫举行敕祭。一条天皇（986—1011年在位）派遣的特使向天满天神祈愿家国平安，并代天皇赠予北野天满宫天神的敕号，正式认可北野天满宫的官社地位。

到正历三年（992年），对天满天神的招安迎来决定性转机。此前几乎从未回应招安的天满天神，居然降下要求朝廷改善待遇的神谕。

于是，正历四年（993年），朝廷根据天神降下的神谕，派遣特使前往建于太宰府安乐寺的道真墓前，将其官位升为正一位左大臣。有趣的是，过去一直与朝廷为敌的天神却降下汉诗来表示不满。

朝廷不得不再次派人去安乐寺，将道真的官位升为正一位太政大臣，更重要的是，祭祀道真的北野天满宫也随之水涨船

北野天满宫本殿

高，成为朝廷亲自提供祭祀供品的二十二社之一。

自此，天神终于心满意足，接受了朝廷的招安，并降下汉诗发誓守护国家社稷。

在耗费了数十年的时光之后，朝廷终于在台密僧侣的大力支持下，成功地招安了带有反体制色彩的道真怨灵，使其变节成为守护朝廷与统治者的天满天神。

然而，一切真的就到此为止了吗？

树欲静而风不止——日藏上人的地狱之旅

据传道贤奉其父三善清行之命，前往金峰山修行后，便一直在山中苦修，甚至连父亲去世，也未尝出山进京。此后京都所发生的一连串怨灵作祟，似乎都与其毫无关系。直到天庆四年（941 年）的一天，发生了一件不可思议的事。

据说当时出现了种种不祥的征兆，道贤为搞清原因，遂前往名为笙之岩屋的洞穴闭关参悟。其间，道贤进入恍惚状态，迷离之中，竟看见金峰山本尊藏王权现^①显形，并带他见到已成为太政天神（菅原道真本身是天满天神，后来追封太政大臣，合称太政天神）的菅原道真。

道真向道贤诉说蒙受冤屈惨死以来的愤恨，以及试图通过作祟降灾平息怨恨的欲望。随后却说由于日本受到密教护持，故作祟降灾的欲望已经消却不少。只是麾下眷属多为恶神，肆虐各地，导致各地瘟疫与叛乱频发，自己也无力阻拦，希望道贤为自己造像祈福，以平息众神之怒。最后还从大日如来与台藏界各取一字，赐予道贤新的法号日藏。

日藏（道贤）在领受道真所赐法号后，便返回金峰山。此时藏王权现再度显灵，并引导日藏游历地狱。在地狱中一处被

---

① 藏王权现（ざおうごんげん）是日本独特的修验道的本尊，正式名称为金刚藏王权现（こんごうざおうごんげん）或金刚藏王菩萨（こんごうざおうぼさつ）。并非源于印度，而是日本独有的佛。位于奈良县吉野町的金峰山寺本堂（藏王堂）的本尊较为知名。"金刚藏王"是究极不灭真理的体现，亦有掌管一切之王的含义。权现是指"在日本神佛习合的演化，透过日本神明的名讳进而展现佛教神佛姿态"之意。藏王权现亦包含了佛、菩萨、诸尊、诸天善神、天神地祇等所有的力量。

称为"铁窟"的地方，日藏见到了衣衫褴褛、形容枯槁的醍醐天皇。天皇告诉日藏，自己因为让太政天神蒙冤而死，又犯下其他罪行，故被打落地狱受苦，并希望日藏返京后，将自己所受之苦奏明朱雀天皇（930—946 年在位），并让摄政藤原忠平造佛塔一万，以助其早日脱离苦海。

地狱之旅结束后，日藏才回过神来，发现自己依然身处笙之岩屋中。日藏随即对前来迎接自己出关的五位僧人叙述自己的经历，并让他们记录下来。后人将这些内容整理成册，即有名的《日藏梦记》。

《日藏梦记》中日藏游历地狱事件发生在天庆四年（941年），而菅原道真被朝廷封为太政大臣是在正历五年（994 年），前后相差 53 年，除非日藏有未卜先知的能力，否则绝无可能使用"太政天神"这一名号。也就是说，《日藏梦记》很可能是正历四年以后才出现的著作，日藏梦游地狱的故事，极有可能是由后人虚构而成的传说。

但是，即便是虚假之中也往往潜藏着真实的信息。虽然日藏本人不大可能游历地狱，并领受道真的教诲，但这则传说所透露的反体制色彩，却意味着以道真怨灵为旗号的反体制社会运动，绝未因道真怨灵接受朝廷招安而终止。也就是说，即便是在平安朝廷费尽心机，将道真怨灵招安之后，道真怨灵作祟的事件所造成的影响，也远未真正消除。所以道真怨灵向日藏表示连自己也无法阻止麾下眷属肆虐各地而引发的叛乱。

　　不仅如此，《日藏梦记》所记载的游历地狱事件，相较之前台密僧侣牵扯颇深的道真怨灵作祟事件，有着更为强烈的反王权色彩：不但将九五之尊的醍醐天皇打入地狱受苦，甚至通过天皇的自白来证明道真怨灵作祟确有其道理。

　　值得注意的是，日藏修行并发生梦游事件的吉野金峰山，正是修验道的总本山金峰山寺的所在地。

　　传闻金峰山寺的创建者，是被称为役行者的役小角。日本正史《续日本记》中关于此人的唯一记载，是其于文武天皇三年（699 年）被以妖言惑众的罪名流放伊豆。①《日藏梦记》的编撰者，选择此处作为故事发生的舞台，其中所蕴含的反体制色彩已十分明显。

　　不过，正如我们在前面所曾强调的那样，怨灵作祟事件之所以会发展为社会性的反王权运动，其关键在于王权与落魄贵族、豪族、民众等受其打压的势力间所存在的严重社会矛盾。《日藏梦记》的出现也不例外，相较于僧人对王权的反感，当时日本社会日益深化的社会矛盾，恐怕是根本原因。

　　在这一时期，宇多天皇与醍醐天皇继承桓武天皇、嵯峨天皇以来的集权政策，在诸国积极推行公地化政策，开始尝试将

---

① 《续日本记》卷一，文武天皇三年五月丁丑条。

地方的私田经营直接编入王朝的直辖财源，同时开始大规模清查诸国庄园，限制民众将私田寄进给上级贵族及大寺社的行为。

为保障公地化政策能够顺利推行，平安朝廷开始将越来越多的权限下放给中央所委派的国司。而随着权限的提升，国司们在朝廷认可的情况下，开始篡夺本由地方豪强出身的郡司所掌握的地方行政权，将权力最大限度地集中到国司手中。

在当时，国司职位的任命主要考虑贵族人脉以及对朝廷、寺社的捐赠，而极少关注其德才。对国司的评价，则完全取决于其是否能够按时缴纳贡赋，若不能按时缴纳，往往会招致朝廷的苛责；若能按时缴纳，则不会干涉其在任国的所作所为。

而对于被朝廷委派到地方的国司而言，朝堂上的高官显爵完全被藤原北家、源氏、平氏等被称为贵种的上级贵族所把持。晋升无望的他们，唯一的人生追求也就只剩利用出任国司的机会来中饱私囊。

由此，地方国司大多采取强硬手段推行私田公田化政策，在大开苛捐杂税以求完成中央摊派任务的同时尽可能渔利自肥。流官如流寇，可谓当时的真实写照。这一切必然导致地方恶政频出。

比如，与《日藏梦记》几乎同一时间出现的《尾张国郡司百姓等解文》记载：当时的尾张国国司藤原元命在任不到4年，所行恶政竟达31条之多，其中包括乱征赋税、巧立名目掠夺财物、不发布对其不利的官符等。

然而藤原元命无论如何胡作非为，只要他保质保量地完成朝廷所摊派的征收任务，朝廷便不会对其恶政做过多追究。哪怕郡司与百姓联名控诉藤原元命的恶政，其所受到的处罚也不过解任而已。

既然朝廷不能主持公道，那么自力救济便成为唯一的选择。

伴随着朝廷公地化政策的推行，各地攻击国衙、袭击国使、杀害国司的事件层出不穷。

元庆七年（883 年），在筑后国发生群盗百余人围攻守从五位上都朝臣御酉馆，射杀御酉，掠夺财物的事件。

元庆八年，石见国权守上毛野氏永遭到拘禁，国司印信及国衙正仓钥匙也被夺取。

延喜年间（901—923 年），越前、骏河、飞弹、下总、上野、下野、武藏等国先后发生袭击国衙、杀害国司的事件。

承平六年（936 年）至天庆三年（940 年），爆发了震撼朝野的承平天庆之乱[①]。

更让朝廷感到恐怖的是，菅原道真的怨灵竟然在承平天庆

---

① 承平天庆之乱是平安时代中期，承平、天庆年间发生在关东的平将门之乱和濑户内海的藤原纯友之乱的总称。当时下总的平将门继亲族间的私斗，又因调停受领和地方富豪之间的纷争，公然反抗朝廷。将门成功压制关八州并自称新皇，但是不久就被藤原秀乡、平贞盛等朝廷的追讨军击败而战死。而伊予的藤原纯友受命讨伐西国的海贼，却与海贼合流，转而袭击西国各地，公然反抗朝廷。最后被小野好古等朝廷军队追讨而战死。

之乱中向平将门宣读承认其为新皇的诏书。

　　这无疑意味着怨灵信仰已经脱离单纯向王权示威表示不满的阶段，开始跟愈演愈烈的反王权暴乱相结合。关于这一点，我们在后面还会进行更为深入的讨论。只要明白，王权扩张运动带来的社会矛盾得不到解决，怨灵作祟就无法通过镇抚招安来平息。

　　《日藏梦记》的编写者在朝廷以封官招安道真怨灵之后，依旧写下了道真怨灵麾下眷属在各地肆虐，引发叛乱，以及通过醍醐天皇的自诉，为天皇在导致道真含冤致死外，又增添诸多新的罪孽等内容，虽然颇有小说家的特色，但也确实是当时高度紧张的社会对立气氛的真实写照。

结语

　　平安时代上承唐风，下启和风，奠定了日本文学国风文化的基础，众所周知的物语文学、和歌都在平安时代发展壮大，并一直延续到后世。在汉文化十分流行的风气之下，自然有不少日本天皇会将中国皇帝作为典范，生出效仿之心。

　　可惜的是，虽然天皇与一些上层贵族饱读诗书，深受先进的中华文化熏陶，但日本列岛的大部分居民，却多是些未经王化的刁民土顽，他们只在意自己的权利是否受到侵害，丝毫不去理解那些试图为落后愚昧的日本列岛引入先进的中国式中央集权制度的天皇所怀抱的宏图大志。

以桓武天皇为例，他的为政措施在华夏史观看来，是一位颇有作为的雄主。然而，在日本他却臭名昭著，甚至被跳梁跋扈的怨灵吓得惶惶不可终日。这种历史叙事的差异，无比鲜明地展示出中日两国政治传统的差异是何等巨大。

不过，政治传统毕竟是宏观叙事的大视角，如果不断地诘问中日不同的政治传统是如何形成的，那么，以日本神怪、怨灵作祟为小切口，无疑是个不错的选择。

怨灵虽然具有浓厚的神秘主义色彩，纯属意识形态的事物，但却往往会引爆社会舆论，甚至发展为声势浩大的社会运动。因此，围绕社会舆论主导权而展开的明争暗斗，常常是政治博弈的主要形态之一。而将这种意识形态的政治博弈与特定文明的政治生态相结合，就成为理解文明社会演化轨迹的关键所在。

在中国，皇帝和儒家精英合作，共同构建了官方主流的意识形态，但他们的合作并非一帆风顺。

两汉之际，儒家精英曾通过谶纬发动民意，对皇权造成极大压力，以至于后世的中国皇帝无不将谶纬之说视为谈之色变的洪水猛兽。

但是随着中国逐步走出神文时代，儒家精英在与皇权日益融合的同时，也变得越来越理性，结果丧失了巫术、奇迹这些能够动员民众的主要手段。虽然不少儒家精英依然能够通过自身的不断努力，在一定程度上改造皇权、限制皇权，使之无法为所欲为，但对于此时的儒家精英而言，皇权而不是民众，才是其唯一的合作对象。正是在这种意义上，文彦博才会说出"与士大夫治天下，非与百姓治天下"的豪言壮语。这种局面，要到朱熹这样的乡野之儒横空出世，才会发生一定的改变。

这也就能够理解，为何后世的儒家精英如诸葛亮、狄仁杰、王安石、张居正等人，相较于孔孟之道，其实更精通申韩之术。九五之尊的皇帝正是与深谙申韩之术的儒家士大夫携手，共同构筑出秦制帝国的统治体系。这也就解释了儒家士大夫为何对民间信仰恨之入骨，必欲除之而后快。就感情而言，崇尚理性的士大夫对巫术、奇迹这样的神秘主义事物有着天然的厌恶；就现实利益而言，这些神秘主义事物所催生的民间祭祀共同体，是建立秦制帝国基层统治架构的巨大阻碍。所以像狄仁杰那样疯狂捣毁淫祠的做法，在中国历史上可谓史不绝书。

而在日本，由豪族主导的祭祀共同体才是日本早期国家的根基，祭祀、巫术（咒术）又是统合这个国家的关键所在，所以日本天皇既无力改变臣强君弱的政治格局，也无法带领日本人如中国那样轻易地走出神文时代。神秘的祭祀仪式、对亡者的恐惧、独特的荒神信仰等古老的历史记忆，化为根深蒂固的习惯，深刻地左右着日本人的政治活动，并持续不断地为豪族与民众提供捍卫自身权利的思想资源。

所以，即便是日本的政治精英试图效仿中国建立由职业官僚支配的中央集权国家，但只要其社会结构没有受到根本性破坏，所谓的律令制国家也不过是在祭政国家的结构之上，披上一件来自中国的新衣而已。

但这并非意味着来自东亚大陆的文化影响仅仅流于表层。毕竟，对于任何试图通过践踏习惯法来强化自身权势的僭主而言，来自东亚大陆的申韩之术都有着如同毒品一样的吸引力。正是在申韩之术的加持之下，如同桓武天皇这样的雄主才能够推行强有力的政治改革，深刻地改变祭政国家的政治结构。

不过，来自东亚大陆的文化要素，并不只有申韩之术，而日本列岛受到东亚大陆文化影响的，除桓武天皇这样的君王外，还大有其人。

在东亚大陆因触怒王权而被根绝的密教信仰，经过空海等僧人之手，漂洋过海到了日本，迅速与本土信仰体系结合，聚集了大量信徒。从唐朝学成归国的僧侣，在王权与豪族、民众博弈的过程中，通过怨灵信仰左右逢源，逐渐成长为一股足以影响日本政局的重要力量，导致本已复杂多样的日本政治生态变得更为扑朔迷离。

不过，围绕怨灵信仰而展开的政治博弈，并非佛教教团首次卷入日本列岛的政治斗争，早在早良亲王作祟事件发生的一百多年前，佛教教团就已经卷入王权与豪族的政治斗争，甚至在后来通过与民众的结合，逐渐挣脱了王权的束缚。这便是我们在下一章中将要讨论的内容。

第三章　大佛开眼

　　由宗教领袖向世俗君王转化，天皇首先需要对自身所拥有的咒术权威进行某种程度的切割。但在无法建立真正意义上的中国式官僚集权制的情况下，又不得不继续依靠卡里斯玛来维持君临日本列岛的统治合法性。这时候就迫切需要一种更具普世性的新宗教权威，它不仅能够承接被天皇所切割的咒术权威，还能够提供强化天皇自身的卡里斯玛并整合日本列岛信仰体系的咒术工具。

古代的教（僧）团是一个比较特殊的群体。西方教团能够凌驾于世俗王权之上，拥有诸多特权；在古代中国，僧团也享有一些优待，但多数时候都是被世俗统治者控制的社会力量，在多次大规模灭佛毁释事件中遭受了沉重打击。是以，中国的僧团被驯化得非常严重，出家清修、远离红尘成为朝廷与官府对僧人的唯一期许，至于普度众生、救危济贫则很难得到统治者的认可，甚至会被猜忌和镇压。

可是在古代日本，却出现了既不同于西方，又和中国迥异的情形。

僧侣们在天皇·朝廷与豪族·民众间左右逢源，最终成为与二者旗鼓相当的第三股势力。就此而言，日本的僧人似乎比中国同行活得更为滋润。然而，在佛教传入日本之初，朝廷对僧团的管制要比中国更为严厉，甚至严禁僧侣与民众接触。

一　神佛之争

佛教在传入日本列岛之初，也如同基督教、伊斯兰教的传播一样，经历了从被本土文化强烈抵制，到逐渐融合接受的过程，而且自始至终都有着极其强烈的政治色彩。可以说，这一切本身就是列岛不同政治势力反复博弈的产物。

苏我氏的野望与佛教传入

佛教在传入日本之初，引发了两次争论。第一次发生在钦明天皇十三年（552 年），因百济使节所带来的金铜佛像与经文，在朝堂上引发了是否应当尊崇佛教的争论。

重臣苏我稻目（约 506—570 年）认为中国、朝鲜半岛三国等周边国家皆已供奉佛祖，日本也应当供奉。但另外两位重臣物部尾舆与中臣镰子却认为日本一直以来都祭祀着无数本土神祇，现在无端请来外来蛮神，势必会引起本土诸神的不满和愤怒，将不利于国家。

双方互不相让，钦明天皇（539—571 年在位）便让苏我稻目先将金铜佛像供奉起来，试试效果再做定论。不久后暴发瘟疫，物部尾舆与中臣镰子趁机上奏天皇，认为这场瘟疫正是本土诸神对祭拜外来蛮神所表示的愤怒，必须停止礼拜佛像才能平息诸神之怒。天皇遂采纳二人建议，废弃金铜佛像，烧毁寺院。第一次崇佛之争以排佛派全面胜利告终。

第二次争论发生在敏达天皇十四年（585 年）。这次争论在苏我稻目之子苏我马子（约 551—626 年）与物部尾舆之子物部守屋（？—587 年）及中臣胜海（？—587 年）、三轮逆

（？—586年）等排佛派之间展开。

与上次一样，苏我马子在供奉佛像之后暴发瘟疫，连马子本人也身患重病。物部等人再次咬定是崇佛所致，并烧毁佛像与佛堂。不过这一次排佛派就没有上次那么走运了。

先是敏达天皇（572—585年在位）与物部守屋皆身患重病，不久后天皇不治而亡。世人纷纷传言是排佛所致。更蹊跷的是，排佛派的主要人物中，三轮逆在排佛第二年即卷入皇位之争而被物部守屋所杀；物部守屋与中臣胜海则在与苏我氏的政治斗争中兵败身死。

自此崇佛派获得全面胜利，佛教教团也就此在日本列岛站稳脚跟。

《日本书纪》中这段关于佛教传入的记载，将是非成败皆归于神佛之争，充斥着怪力乱神之说。而现实政治自然不可能如此简单。

在首倡崇佛的苏我稻目出现前，关于苏我氏的记载寥寥无几。我们只知道雄略天皇时曾派兵攻打新罗，日方军队的一名将领叫"苏我韩子宿祢"，据说此人是来自朝鲜半岛的女子所生，故名韩子。[①]韩子的儿子名叫苏我高丽，听上去也是与朝鲜半岛有着密切关联的名字。虽然没有任何明确资料能证明苏我

---

① 黛弘道编：《苏我氏与古代国家》，吉川弘文馆，1991年，第5页。

氏与朝鲜半岛有关，但苏我氏的发迹，在很大程度上确实得益于来自朝鲜半岛的渡来人集团。

公元 3 世纪末至 6 世纪，不少东亚大陆的移民经朝鲜半岛进入日本列岛。这些拥有先进技术与文化的移民群体，被称为渡来人。而苏我氏所盘踞的葛城地区，正是渡来人的主要移居地之一。

雄略朝时，苏我满智被任命为主管朝廷府库的三藏检校，秦氏、东汉氏则成为其下属。以此为契机，苏我氏与以东汉氏为中心的渡来人集团结盟，将之编入其支配体系。[1] 借助渡来人所掌握的先进知识和技术，苏我氏被天皇赋予管理中央财政、经营天皇屯仓[2] 等重任，族长苏我稻目也由此被任命为首位大臣[3]，与物部尾舆共同执掌朝政。

渡来人集团大多信奉已在东亚大陆流传已久的佛教，随着他们在苏我氏的庇护下不断扩张势力，与信奉本土神祇的祭祀集团的冲突在所难免。而对依靠渡来人才能跻身权力中枢的苏

---

[1] 前川明久：《日本古代氏族与王权的研究》，法政大学出版局，1986 年，第 432 页。

[2] 屯仓（日语读作ミヤケ）为大和王朝的地方支配体系之一，多指对包括民众在内的某地域社会进行支配，与中国的屯田制有相似之处，但并不承担军事职能。参见仁藤敦史：《古代王权的支配与构造》，吉川弘文馆，2012 年，第 161—164 页。

[3] 大臣（日语读作オオオミ），设置于钦明朝，为群臣之首，类似于中国的宰相。参见仓本一宏：《日本古代国家成立期的政权构造》，吉川弘文馆，1997 年，第 12—14 页。

我氏而言，想要确保并进一步强化对渡来人的控制，也不得不在这场冲突中有所表示。①

在力主排佛的三大氏族中，专门祭祀大物主神的三轮氏自不待言，中臣氏同样是专司祭祀・神事的祭祀氏族，物部氏虽一般被认为是军事氏族，但也承担着极其重要的祭祀职能。

在前面我们曾提及的大物主神作祟事件中，受命准备祭祀大物主神供品的正是物部氏之祖伊香色雄。

据《旧事本纪》记载，神武天皇即位后，饶速日命之子可美真手命②向天皇献上饶速日命所遗留的十种天玺瑞宝，并以此举行了日本最初的镇魂祭。后来崇神天皇将神武天皇曾使用过的宝剑韴灵（ふつのみたま）以及十种天玺瑞宝移交给可美真手命的后人伊香色雄，命其在大和国山边郡石上邑创立神宫，以祭祀这些神器。③宝剑韴灵取其发音，被尊为布都御魂大神，十种天玺瑞宝则被尊为布都留魂大神。自此以后，物部氏便世代承袭管理石上神宫的重要工作。

在大和朝廷这个祭政联合体中，一个氏族的地位，除其所掌握的世俗权力外，也与其在祭祀方面所承担的职能息息相关。

苏我氏作为后起之秀，虽然已经在财政及外交上被天皇委

---

① 横山健一编：《日本书纪研究（10）》，塙书房，1977年，第268—271页。
② 《古事记》作宇摩志麻迟命。
③ 渡边胜义：《镇魂祭研究》，名著出版社，2012年，第139—147页。

以重任，但若想更进一步提升政治地位，还需在祭祀方面谋求话语权。而来自东亚大陆，在先进文化技术加持下，被认为拥有强力咒术的佛教教团，无疑是抗衡本土祭祀集团的绝佳伙伴。就此而言，无论是为了盟友还是自己，苏我氏都必须带领崇佛派与以物部氏为首的排佛派一争高下。

在击败物部氏之后，苏我氏族长苏我马子选择在飞鸟地区①营造元兴寺。为了建寺，苏我氏拆毁了飞鸟衣缝造首领树叶的住宅，而飞鸟衣缝造，乃来自东亚大陆的专司纺织的氏族。据传该氏族之祖兄媛曾侍奉过大物主神。建寺之地也被称为真神原，其附近有一棵如西方神话中的宇宙树那样受到尊崇的参天巨木。②苏我氏在此地建立元兴寺，其试图借助外来神祇与信奉本土神祇的氏族争夺祭祀权的用意已十分明显。

当然，佛教作为外来宗教，能够在传入日本之后战胜本土信仰，为当权者所尊崇，除与新兴氏族苏我氏为对抗老牌氏族而加以扶植外，更为根本的，恐怕还在于这一时期日本早期国家的政治变局。

---

① 今奈良县明日香村。
② 田中聪：《妖怪与怨灵的日本史》，集英社，2002 年，第 81—82 页。

天皇的棋局

据《日本书纪》记载，在佛教传入的钦明朝（539—571年），日本列岛的政治重心为诸氏族联合议政机构——大夫会议。

大夫会议由阿倍臣、巨势臣、中臣连、穗积臣、大伴连、物部连、膳臣、纪臣、葛城臣、平群小垦田臣、坂本臣、春日臣、苏我臣、田中臣、三轮君、穗积臣、高向臣、难波吉士、佐伯连、苏我仓臣、境部臣、河边臣、小垦田臣、大市连、阿云连、羽田臣、田口臣等 27 个氏族组成。[①]

这里的中臣、苏我等氏族名后所加的连、臣等后缀，乃天皇赐予氏族以彰显其地位的姓，日语读作カバネ。[②]

显而易见，在此时的大夫会议中，连姓氏族与臣姓氏族占压倒性多数。

连，日语读作ムラジ，意为群主，一般被认为是直属天皇的部族首领。[③] 连姓氏族多为直属天皇的职能氏族，比如大伴、物部等军事氏族和中臣、忌部、土师等祭祀氏族。

---

① 参见佐伯有清:《贵族文化的发生》,《岩波讲座日本史2·古代2》,岩波书店,1975 年。

② 关于日本古代的氏姓制度，这里不做展开。具体可参见阿部武彦:《氏姓》,至文堂, 1960 年；尾胁秀和:《氏名的诞生》,筑摩书房, 2021 年。

③ 阿部武彦:《氏姓》,至文堂, 1960 年，第 39—40 页。

臣，日语读作オミ，具体意思不明，可直译为小身。此类氏族虽没有明确的职能担当，但多为大和一带的地方豪族。其中苏我氏、葛城氏这样的有力氏族，多与皇室世代联姻。[①]

有趣的是，虽然同为有资格参加大夫会议的中央贵族，连姓氏族与臣姓氏族却有着迥然不同的政治性格，这在二者的祖先传承中体现得极为明显。

先说连姓氏族，他们的先祖多多少少都与祭祀有着某种联系。物部氏与中臣氏不用多言，连几乎没有负责过什么祭祀事务的大伴氏，在其先祖道臣命的传说中，也有男扮女装担任斋主[②]祭祀高皇产灵尊的记载。[③]

而臣姓氏族中最具代表性的苏我、葛城、平群、势等氏族，其先祖都可以追溯到景行天皇时代的重臣武内宿祢。虽然与饶速日命、道臣命等连姓氏族先祖相比，武内宿祢的事迹要详尽很多，但却多为行政、外交方面的记载。比如，他多次被天皇派往地方体察民情、接待百济等国来使、率领来自朝鲜半岛的

---

① 阿部武彦：《氏姓》，至文堂，1960年，第37页。

② 斋主具体职能不明，但从后来出现的由女性皇族担任的斋王一职来反推，这里的斋主当指主持占卜、传达神谕的女性祭司。

③《日本书纪》神武天皇戊午年九月甲子朔戊辰：时敕道臣命，今以高皇产灵尊，朕亲作显斋（显斋，此云于图诗怡破毗），用汝为斋主，授以严媛之号。而名其所置埴瓮为严瓮。值得一提的是，这则道臣命担任斋主的典故，可能是日本史上男扮女装的最早事例。

"韩人"建造韩人池等。与祭祀有关的事迹，则仅限于作为神功皇后的代理人，向神祇献上剑、镜。也就是说，这位臣姓氏族的先祖的事迹，更像一位职业官僚的政治活动，而不像饶速日命、道臣命的事迹那样有着浓厚的祭祀色彩。

或许饶速日命、道臣命以及武内宿祢的事迹都是大和朝廷的中央贵族们为彰显家世而刻意建构的，但这种先祖传承上的差异，却能够在很大程度上反映出大和王权不同阶段政治结构的变化。

在大和王权创立之初，祭政一致是这个祭政联合体的根本政治性格，祭祀活动便是政治活动的主要乃至全部内容。因此，这一时期加盟大和王权的氏族，大多在祭政联合体中承担着重要的祭祀职能。

但是，随着大和王权，尤其是天皇政治地位的稳固，天皇不再仅仅满足于扮演巫王的角色，而是谋求拥有更多的实际政治权力。在这一过程中，没有在大和王权创立初期加盟的臣姓氏族，就成为天皇制衡连姓氏族的有力盟友。虽不清楚天皇获得臣姓氏族支持的具体过程，但臣姓氏族与天皇家的世代联姻以及苏我氏管理天皇屯仓等记载，多少暗示着臣姓氏族借由管理天皇家家政机关发迹的可能性。

进而言之，在臣强君弱的古代日本，以物部氏、大伴氏为首的连姓氏族长期主宰着大夫会议，甚至拥有将一位来历不明的皇族拥立为继体天皇（507—531 年在位）的政治实力。天皇若想直接改变大和王权的政治结构，也并非易事。天皇要尽可能选择可以信赖、能够驱使且名正言顺的政治力量，因此我们有理由推测天皇们很可能是借由天皇家家政机关这个唯一能仰仗的力量，绕过由连姓氏族所主导的大夫会议，来扩充自身的权力。[1]

如此也能够解释臣姓氏族的先祖传承中，并未如连姓氏族那样有着关于承担祭祀职能的记载。作为天皇家家政机关管理者的臣姓氏族，没有必要也没有可能在大和政权中获得承担祭祀职能的机会。

如同日后的院政[2]一样，随着天皇家家政机关权势的扩大，国政逐渐遭到侵蚀的同时，大和王权也开始由祭政共同体向律令制国家转化。从这个意义上说，苏我氏与物部氏之间的权力争斗，看上去是新兴氏族与老牌氏族间的权力之争，本质上则是祭政联合体向律令制国家转型的前奏。否则就难以解释苏我

---

[1] 虽然没有确切的史料来印证这一推测，但在其后的日本历史中，借由家政机关绕开公权机构以扩充自身权势的做法，可谓层出不穷，最为典型的便是长达数百年的院政。

[2] 院政，是指天皇为了对朝政施加影响，主动退位，在自身居所"院厅"设置官吏、武士，以天皇家长的身份主导朝政的制度。这种制度架空了藤原氏为首的外朝体系。与东汉为了加强皇权以及应对朝政庶务增多的情况，开始以尚书台取代三公为首的外朝体系，成为实际的政务中心，有类似的地方，但不能等同视之。

氏在进攻物部氏的过程中，何以有能力动员包括诸王子在内的大部分王公贵族。

虽然天皇与以苏我氏为首的臣姓氏族联手击败了物部氏，但只要氏族依然是列岛社会的主要组成部分，天皇就无力改变臣强君弱、氏族议政的基本政治格局。这就导致自始至终，天皇都只能利用氏族之间的矛盾，扶持弱势氏族对抗强势氏族，通过氏族间的互相对抗来强化自身的权力。这种假力于人的手法堪称巧妙，却有着很大的局限性——在借助弱势氏族的力量击败强势氏族后，这些弱势氏族往往会变成新的强势氏族，从天皇的盟友变为需要打倒的对象。

这种政治潜规则，也普遍存在于古代中国。比如负责辅佐君王治理天下的百官之长"宰相"，最初就是贵族祭祀时宰杀牲畜的角色，其演化为行政长官的过程，伴随的正是先秦封建体制的解体。然而，进入帝制社会之后，皇权和相权的矛盾成为主要矛盾，皇帝遂逐步分割宰相的决策权，设置专门的官僚机构负责军权和财政，使得宰相只能负责具体的行政事务，直到朱元璋简单粗暴地废除了宰相。即使如此，明朝还是出了严嵩、张居正这些权势熏天的首辅，其权力比过去的宰相有过之而无不及。

而在日本列岛，中国皇权与相权的矛盾变成了天皇与氏族间的权力斗争。在古代中国，皇权的无限扩张是主线，而日本天皇却无法从根本上打破氏族合议的政治格局。实际上，不仅天皇如此，日后的幕府将军与教团法主也无一例外。甚至可以说，明治维新之前，没有任何一位君临日本列岛的"统治者"有能力打破臣强君弱、氏族合议的政治格局。

当然，至少在天皇利用诸氏族的内部矛盾，再次假力于人击败苏我氏后，在一段时间内，为实现皇族独大，建立由天皇主导的律令制国家的尝试铺平了道路。天皇们迫不及待地开始效仿隋唐，确立以律令条文及官僚体系为基础的新统治秩序，幻想自己能像中国皇帝那样，成为置身于官僚体系顶点的至尊。

一场大规模的战役、几次暗杀事件，通过高明的政治手腕让天皇们达成了既定小目标。不过，这种低烈度的权力之争，根本无法让以氏族为主的社会结构伤筋动骨，甚至连政治斗争中的失败者物部氏与苏我氏，也仅仅被逐出权力中枢，氏族本身的势力并未被彻底清洗。

归根到底，依旧停留在氏族社会阶段的日本，还无法提供大量游士精英来组建职业官僚体系，天皇不得不依赖中央的氏族贵族来充任推行律令制度的职业官僚。这导致日本的律令制度一开始就大打折扣——不仅无法建立起通过科举选拔职业官僚的制度，甚至连大和王权时代的氏族合议制也改头换面存续下来。而且天皇自身由于没有压倒性的军事力量，所以更不可能如汉武帝那样放纵酷吏肆意屠戮地方豪强。

天皇的麻烦还不止于此，其君临列岛的统治合法性依旧需要祈灵于来自宗教权威的卡里斯玛。

但是非理性的卡里斯玛与理性的官僚统治，存在着无法调和的内在矛盾。[1]由宗教领袖向世俗君王转化，天皇首先需要对自身所拥有的咒术权威进行某种程度的切割。但在无法建立真正意义上的中国式官僚集权制的情况下，又不得不继续依靠卡里斯玛来维持君临日本列岛的统治合法性。这时候就迫切需要一种更具普世性的新宗教权威，它不仅能够承接被天皇所切割的咒术权威，还能够提供强化天皇自身的卡里斯玛并整合日本列岛信仰体系的咒术工具。

佛教教团有大唐的神秘背景做背书，理论性上也远远强于日本列岛的本土信仰，而且还在苏我氏击败物部氏的过程中大展神威。或许正是这一切，让其成为天皇们心目中的理想选择。

独占佛光

据《日本书纪》记载，天武天皇六年（677 年）八月，天皇在飞鸟寺[2]大开斋会，特别赐予诸王子及群臣每人享有使一

---

[1] 马克斯·韦伯：《经济与历史 支配的类型》，广西师范大学出版社，2010 年，第 358 页。

[2] 即前文所提苏我氏所建之元兴寺。

人出家为僧的特权。① 这不由得让人想起前文曾提及的神祇官制度。

在神祇官制度中，天皇通过分赐被认为带有皇祖神灵威的稻种而获取征收臣民赋税的权力。天武天皇在这场斋会中，分赐诸王子及群臣使一人出家为僧特权的背后，同样藏着分赐稻种一般的祭政逻辑。

实际上，在苏我氏击败物部氏后不久，推古天皇（593—628年在位）就采纳遣唐归来的僧人惠济、惠光的建议，仿照唐制建立由僧正、僧都、法头三种僧职（三纲）所统御的僧官制度，并试图将各氏族设立的私寺统一归朝廷支配②，正式开始将佛教教团纳入日本早期国家的祭政体系。

在击败苏我氏后，③ 苏我氏的私寺元兴寺被朝廷收归公有。大化元年（645年），孝德大皇（645—654年在位）在元兴寺向被召集的诸寺僧侣宣布兴隆佛教之意，并于次年向诸寺施舍山林田地。④ 自此，元兴寺便作为官寺，成为朝廷推行佛教统制

---

① 《日本书纪》天武天皇六年八月辛卯朔乙巳条：大设斋于飞鸟寺。以读一切经，便天皇御寺南门而礼三宝。诏亲王、诸王及群卿，每人赐出家一人。其出家者不问男女长幼，皆随愿度之，因以会于大斋。

② 田村圆澄：《飞鸟佛教史研究》，塙书房，1978年，第39页。

③ 皇极天皇三年（645年），中大兄皇子、中臣镰足等人暗杀苏我入鹿，逼迫其父苏我虾夷自杀，由此终结苏我氏独揽大权的局面，为中大兄皇子主持的大化改新开辟了道路。史称"乙巳之变"。

④ 田村圆澄：《飞鸟佛教史研究》，塙书房，1978年，第42页。

乙巳之变中苏我入鹿被杀

政策的中枢。

673 年，曾出家为僧的大海人皇子通过壬申之乱登上皇位（即天武天皇）后，大力推行国家佛教政策，不仅向诸寺院施舍财物田地，还推出一系列优待寺院及僧侣的政策。

据《日本书纪》记载，天武天皇九年（680 年），为祈祷皇后康复，天皇下令兴建药师寺，并让 100 人剃度出家。朱鸟元年（686 年），久病不愈的天皇在去世前，还为求身体康复，命令飞鸟寺的僧侣为其诵经祈福。

不难看出，天武天皇之所以笃信佛教，主要是出于佛教僧侣的咒术能够治愈疾病这样的现实诉求。而在之后的圣武天皇（724—749 年在位）所颁布的建立国分寺的诏书中，更是期待佛法能达到消灾除厄的效果[1]，将佛法除病消灾的认知进一步上升到国家层面。

在这一时期，佛教教团更多被视为强力的咒术工具，被期待能以咒术来镇护国家。也就是说，天皇在将自身定位成中国式专制君主的同时，逐渐将自身所拥有的宗教权威移交给佛教教团，希望后者能够以咒术代其履行祭祀职能。

那么，保持对这一工具的独占性，便成为朝廷所需要面对的首要课题。

在天武九年（680年）四月所颁发的敕令中，虽然认可诸氏族所设私寺不受朝廷管辖，但同时要求这些在朝廷管辖之外的私寺于三十年后拆除，其本质还是实现朝廷对佛教寺院的独占。[2]

另一方面，朝廷也加强了对佛教教团的控制。参照隋唐制度设立管理僧人的僧纲职，比照朝廷律令官制，授予僧纲职位阶，让其成为替朝廷管理僧团的高级官僧。天武天皇在位期间，专门制定了管理佛教教团的成文法《僧尼令》（具体内容已不可考）。现存天平宝字元年（757年）颁布的《养老律令》中亦有同名同效的《僧尼令》可以作为参考。

如第一条中将僧侣观察天象，以涉及国家的灾异、祥瑞之

---

① 《续日本纪》天平十三年三月条乙巳。
② 《日本书纪》天武天皇九年夏四月条。

说言说于百姓，并习读兵书定为与杀人同等的重罪。①

第二条中严禁僧侣修习佛法以外的除病消灾之咒术，违反者将会被强制还俗。②

第五条中明令禁止僧人在寺院之外设立道场、传道布教。对僧侣化缘、寻求布施等活动也予以严格规定，无论是化缘的时间还是内容，都需要经过三僧纲与国郡司等朝廷官员的许可。③

为了实现对佛教教团的独占，日本朝廷将佛教僧侣的活动严格限制在为国家和当权者服务的狭隘活动中，不仅严厉限制僧侣向民众传教，还千方百计阻止佛教与日本本土信仰合流。但现实不一定以当权者的意志为转移，这些约束佛教教团的法令，与以普度众生、救济民众为根本宗旨的佛教教团之间有着难以调和的矛盾，注定难以维系。

---

① 《养老律令·僧尼令第一》观玄象条：凡僧尼，上观玄象，假说灾祥，语及国家，妖惑百姓，并习读兵书，杀人奸盗，及诈称得圣道，并依法律，付官司科罪。值得一提的是，修习兵书、观察天象、言说灾异祸福在数百年后的战国时代（1467—1594年），作为战国武将们的刚需，将会成为不少试图在武将那里谋求职位的僧侣所必须修学之技能。

② 《养老律令·僧尼令第二》卜相吉凶条：凡僧尼，卜相吉凶，及小道巫术疗病者，皆还俗。其依佛法，持咒救疾，不在禁限。

③ 《养老律令·僧尼令第二》卜相吉凶条：凡僧尼，非在寺院，别立道场，聚众教化，并妄说罪福，及殴击长宿者，皆还俗。国郡官司，知而不禁止者，依律科罪。其有乞食者，三纲连署，经国郡司，勘知精进练行，判许。京内仍经玄蕃知。并须午以前，捧钵告乞，不得因此更乞余物。

二 "鬼僧"魅影

任何一种外来宗教，想要立足于当地，免不了要与本土信仰结合。这已经是老生常谈。佛教在传入中国的初期，就吸取了很多道教的东西，比如一些术语，如"无相"，达摩祖师和禅宗的三祖、四祖、五祖、六祖都曾借鉴道教思想。而且僧人也学着和道士一样，将寺庙建在深山幽谷，彰显自身超凡脱俗的色彩。

日本的僧侣也不能免俗，很多人都选择在深山老林中修行。

大和国葛城山脉（今奈良县御所市一带）是一个充满传奇色彩的地方，这里不仅是渡来人的主要聚集地与葛城氏、苏我氏等传奇氏族登场的舞台，还发生过不少奇闻怪事，最为著名者莫过于雄略天皇与一言主大神的故事。

据《古事记》记载，雄略天皇在葛城山游猎时，遇到一个与其容貌仪态相似之人，天皇勃然大怒，遂以弓矢相向。不料对方居然也拉弓搭箭，做好反击准备。无奈之下，天皇问其姓名，却被告知对方乃葛城的一言主大神，不论好事坏事，皆可一言而定。天皇听后惊恐万分，不但赶忙献上自己的弓箭与佩刀，还令随从百官也脱下衣服一同奉献给一言主大神，然后灰溜溜地离开。

这则故事不论真假，其中所弥漫的反王权色彩是不容否认的。

驱使鬼神的优婆塞

司马迁在《史记·殷本纪》中记载了这样一件事：

帝武乙无道，为偶人，谓之天神。与之博，令人为行。天神不胜，乃僇辱之。为革囊，盛血，仰而射之，命曰"射天"。武乙猎于河渭之间，暴雷，武乙震死。

商王武乙无道，对上天不敬，后来他在黄河与渭河之间打猎，突然天现雷暴，武乙遭雷击而亡。表面上看，武乙之死纯属意外事件，但武乙死亡的地点却在周的地盘之内，周又是信仰上天的。武乙时代，周的首领季历，已经俨然西方小霸，周势力的蒸蒸日上，自然会引起商的忌惮。武乙射天的荒唐举动很可能是一次攻伐周的军事行动，而被雷劈死，自然是死在了对周的战争中。只不过商人为自己的首领遮掩，变成了被雷劈死。

根据上述思路，《古事记》故事或许可以理解为：有一位敢于跟天皇分庭抗礼的部族首领，其威望和能量堪与天皇匹敌，甚至敢和天皇公开叫板。葛城山历来是各路反王权势力的聚居之地，产生了各种关于"鬼"的传说。而那些敢于公然挑战大和朝廷《僧尼令》的"鬼僧"，也是在这里登上了历史舞台。

据《大峰缘起》记载，在《僧尼令》的制定者天武天皇去世的朱鸟元年（686年），一位名叫役小角的年轻优婆塞[①]结束了在箕面山（位于今大阪府箕面市）中的修行。修行的三年间，他遭遇诸多奇事，其中最不可思议者，莫过于在其修行刚好千日的满愿之夜，在箕面瀑布之下遇到由弁财天所陪伴的龙树菩萨。龙树菩萨命役小角返回家乡继续修行，并赐予其《孔雀明王咒经》与无价之宝珠。[②]

龙树菩萨被认为是密教的创建者，他所赐予役小角的《孔雀明王咒经》，则是早期密教的重要经典。虽然龙树菩萨、《孔雀明王咒经》都是舶来品，但役小角在箕面山中修行三年才获得龙树菩萨传道的故事，却完全是日本列岛本土信仰的产物。

在日本人看来，一方面，山岳既是神灵所在之地或降临之所，也是亡者的最终归属。特别是远离人世的深山幽谷，更被视为与人世完全不同的异界。另一方面，山岳不仅是河川的源

① 在家信佛、行佛道并受三皈依的男子叫作优婆塞，曾译作邬波索迦、乌婆塞、伊蒲塞等。意译清信士、近事男、近善男、善宿男等。受了三皈依及五戒并戒行圆满的人，称为满分优婆塞，也即中国通常所称的居士。

② 钱谷武平：《役行者传之谜》，东方出版，1997年，第39—41页。

头，还蕴含着各种各样的自然资源，它们既是神秘的异界又是支撑人类社会生产活动的根源，被日本人视为神圣的存在而加以膜拜。①

佛教传入后，日本传统的山岳信仰与佛教苦修活动相融合，出现了山岳修行活动。如天武天皇即位之前，为避免兄长天智天皇的猜忌，便请求前往吉野山出家。

役小角雕像

与佛教一起传入的，还有密教的咒术。在比《大峰缘起》成书更早的佛教说话集《日本灵异记》②所记载的役小角传说的更早版本中，已经反映出密教咒术与山岳信仰等日本本土信仰融合的时代背景。

据《日本灵异记》第二十八话所载：役小角为大和国葛木上郡茅原村人③，乃贺茂氏出身。在山间修行三十余年，习得孔雀明王咒法，能够以咒术驱使鬼神。但他却因驱使鬼神在金峰

---

① 和歌森太郎编：《山岳宗教的成立与展开》，名著出版，1975 年，第 17—22 页。
② 该书由药师寺僧人景戒所作，一般认为成书于弘仁十三年（822 年）。
③ 位于今奈良县御所市，也即前文所提到的葛城高原地区。

山与葛木山之间搭建桥梁，而招来诸神怨恨。葛城山脉的一言主大神向文武天皇（697—707 年在位）进谗言，称役小角图谋倾覆国家，导致役小角被流放伊豆半岛。[①]或许因为这则故事是日本最早的修行者在山间修得密教咒法的记载，役小角才会被后世修验道教团视为祖师。

所谓修验道，乃密教与日本本土山岳信仰融合的产物。修验者深信只要进入深山，便可通过在异界中的苦修而积累功德与法力，甚至如同役小角一样得到神灵垂青，获得其保佑或赐予秘术。从某种意义上说，修验者虽与佛教苦行僧或基督教托钵僧一样，同属云游苦修的宗教信徒，但修验者除专修开悟外，也追求获得名为验力的咒术。

咒术，在今人看来虽为怪力乱神之论，却有着不容置疑的强人心理效果。即便是在华夏文明登峰造极的宋朝，文人精英已完全掌握话语权的情况下，仍有高阶知识分子如陆游，在面对某些巫咒之术的时候，态度依旧十分矛盾。陆游在《渭南文集》卷五《条对状》中指出巫术等迷信活动是引起社会动荡的根源之一："自古盗窃之兴，若止水旱饥馑，迫于寒饿，啸聚攻劫，则措置有方，便可抚定，必不能大为朝廷之忧。唯是妖幻邪人，平时诳惑良民，结连素定，待时而发，则其为

---

① 山本崇编：《考证日本灵异记》（上），法藏馆，2017 年，第 312—313 页。

害，未易可测。"然而，在《剑南诗稿》中，陆游却自述："昏昏但思向壁卧，虫臂鼠肝宁暇恤。医巫技殚欲敛手，天高鬼恶吁莫测！"在陆游重病期间，他选择的治疗方式是"巫医并举"。与陆游同时期的范成大也说自己生病时"十巫递进，三医更谒"。

巫咒之术的存在，除了强大的社会心理基础，咒术师也是一个重要的影响因素。高明的咒术师，就如同中国杂糅百家的江湖术士一样，他们绝不会仅仅依靠咒文的力量，而是会把各种医学知识及药学知识巧妙地融入咒术之中，以确保咒术能够发挥心理效果以外的疗效。

更何况，以当时的医疗水平，药石罔效是常态，在医药达不到目的，人们还想有所作为的时候，巫术的作用就体现出来了（即使在现代社会，这种心理也并未消失）。在古代日本社会，人们坚信咒术有着难以想象的威力。

役小角所施展的咒术，很可能是密教、道教、日本本土信仰以及医术混合而成的产物。[①]实际上，在当时大和朝廷所设立的医疗机构典药寮中，便有专门的禁咒博士编制。一位主宰典药寮的官员韩国连广足即以咒术而闻名于世。

在日本列岛，上到王公贵族，下至三教九流，都深信修验

---

① 　永藤靖：《古代说话的变容》，勉诚社，1995 年，第 225 页。

者在充斥怪异的深山幽谷中修行，可以获得降妖伏魔、消灾除病的验力，而对其抱有很大期待。[1]而修验者，自然也需要回应人们对验力的需求。因此，与追求出世的苦行僧与托钵僧不同，修验者在远离人群的深山幽谷中苦修，更多是将之作为获得咒术以救济世人的途径。

从某种意义上说，修验者的努力确实成功了，在日本的传统村落中，修验者不仅通过咒术为世人消灾除病，还承担着很大一部分祭祀职能，部分特别受村民信仰的修验者，往往还会在村落中扮演仲裁者的角色。[2]

虽然这些修验者的形象，多来自江户时代（1603—1868年）的史料记载，修验道教团的成立一般也只能追溯到平安时代（794—1192年）晚期，但可以肯定的是，作为修验道教团前身的山岳修行者，早在天智天皇（668—672年在位）时代便已出现。

当时的日本不仅自然灾害频发，而且随着朝廷模仿唐朝建立名为租庸调的赋税制度，导致越来越多的民众由于天灾与沉重赋税而生活困苦，他们渴望咒术与奇迹的救赎。

有不少人出家为僧，前往山岳修行。这些山岳修行者不仅试图逃脱沉重的赋税之苦，更希望能修得咒法，回应民众的诉

---

① 和歌森太郎编：《山岳宗教的成立与展开》，名著出版，1975年，第41页。

② 和歌森太郎编：《山岳宗教的成立与展开》，名著出版，1975年，第347—352页。

求。《日本灵异记》中，役小角架桥的故事，虽是怪力乱神之论，但也很可能是被称为优婆塞的山岳修行者开展修路搭桥等社会救济活动的反映。还有某些咒法高强者，为权贵所倚重，甚至卷入贵族内部的权力斗争。[①]

如前所述，朝廷为确保对佛教教团的绝对控制，并防止因过多人剃度出家而造成缴纳赋税者减少，对剃度出家有着极其严格的规定，只有极少数幸运儿可以通过严苛的考试，成为朝廷所豢养的官僧。而那些精通咒术为民众所追捧，并常常卷入贵族内部权力斗争的山岳修行者，绝大多数皆无缘享此殊荣，只能成为役小角那样的优婆塞——未经朝廷许可的私度僧。

修验者的存在确实违背了朝廷的《僧尼令》，是对朝廷权威的公开挑战。他们在建立一套与朝廷冲突的秩序之外，还可以对朝廷的运作施加自身的影响。这不可避免会引起朝廷的忌惮，役小角这种优婆塞的下场可想而知。

在《日本灵异记》中，役小角最终羽化登仙前往东亚大陆，并在朝鲜半岛遇见了入唐求法的僧人道昭[②]，而在真实的历史中，役小角的结局要凄惨得多。

---

① 曾根正仁编：《诸神与奈良佛教》，雄山阁，1995 年，第 207—209 页。
② 道昭（629—700 年），河内（大阪府）人，日本法相唯识宗僧人，日本佛教奠基人之一。曾前往中国师从唐玄奘学习《成唯识论》，回国时带回大量佛教典籍，后建立飞鸟寺和元兴寺，传授佛法。晚年周游全国弘法，并广行善事。

据《续日本纪》记载，文武天皇三年（699年）五月，役小角被流放伊豆岛。据说他曾住在葛木山，以咒术闻名于世。那位同样以咒术闻名的典药头韩国连广足曾拜役小角为师，后因嫉妒其才能，而向朝廷告发役小角妖言惑众，导致役小角被流放。[①]虽然于两年后被大赦，但流放生活损害了役小角的健康，在被大赦的当年，役小角便在后来传闻其得龙树菩萨传道的箕面山泷安寺与世长辞。

事实上，韩国连广足要到天平二年（730年），也即役小角去世29年后才就任从五位下典药头。[②]因此，役小角被流放，可能并非弟子的谗言，而是朝廷意志的体现。

道高一尺，魔高一丈。朝廷虽能流放役小角，却无法根绝日益壮大的山岳修行者群体。就在役小角去世的两年后，另一位山岳修行者修成出山，而这位修行者，就不像役小角那么好对付了。

化身菩萨的小僧行基

在养老元年（717年）四月颁布的一份诏书中，有一位僧人遭到严厉斥责，原文如下：

---

① 《续日本记》卷一，文武天皇三年五月丁丑条。
② 平泉洸：《铃木昭英氏——关于小角传的韩国连广足》，《日本上古史研究》第3卷5号（通卷29号），1958年5月。

方今小僧行基并弟子等，零叠街衢，妄说罪福，合构朋党，焚剥指臂。历门假说，强乞余物，诈称圣道，妖惑百姓，道俗扰乱，四民弃业，进违释教，退犯法令。[①]

其言辞之激烈，让人感受到字里行间隐隐透出的杀意。这位让朝廷大费周章，专门颁布诏书予以斥责的小僧行基究竟是何方神圣？

据文历二年（1235 年）发掘的行基墓志所载，行基乃药师寺僧人，俗姓高志氏，百济王子王尔后人，天智天皇元年（668年）生于河内国大岛郡。[②] 天武天皇十一年（682 年），朝廷为祈祷高皇女早日康复，而特许 140 余人出家，年仅 15 岁的行基亦在其中。墓志称其苦行精勤、化人不息，故为世人所敬仰，称其为"菩萨"。[③]

在大乘佛教中，基于"人人具有佛性，人人皆可成佛"的理论，凡是立下宏愿，上求佛道、下化众生者都被称为菩萨。但在日本历史上，被称为菩萨者，唯寥寥数人。在整个奈良时代（710—794 年），获此美誉者唯行基一人而已，更离奇的是，

---

① 《续日本纪》养老元年夏四月壬辰条。

② 今大阪府堺市西。

③ 井上薰编：《行基事典》，国书刊行会，1997 年，第 276—281 页。

这位被称为菩萨的高僧，一开始并不是一位正式僧侣。

　　根据当时的僧尼制度，男子剃度出家后，只能称为沙弥，也即见习僧人。若想成为被称作比丘的正式僧侣，还需在某一比丘处长期修行，并接受具足戒。[①] 虽然在《行基菩萨传》中有行基 24 岁时于德光禅师处受具足戒的记载，但在行基去世后不久面世的佛教说话集《日本灵异记》中，一位名叫智光的僧人将行基称为沙弥。而在前面所提到的朝廷斥责行基的诏书中，行基也被称为小僧，[②] 而小僧正是沙弥的别称。就此而言，至少在养老元年（717 年）这个朝廷颁布斥责诏书的时间点，行基可能尚未接受具足戒并获得朝廷正式颁发的度牒。

　　更重要的是，日后行基教团的成员几乎完全由优婆塞构成。而要与这些在山岳修行的优婆塞建立联系，并成为这些人所尊崇的导师，在寺院里修习经典绝对无法做到。实际上，据《行基年谱》所载，37 岁前，行基一直在山林之中栖息修行。[③]

　　虽然行基的修行过程已难考察，但其弟子向朝廷所提交的优婆塞贡进文[④]中，除朝廷所规定的护国教典《法华经》与《最胜王经》外，还提及《八名普密陀罗尼经》与《千手千眼陀罗

①　速水侑编：《民众之导者——行基》，吉川弘文馆，2004 年，第 17 页。
②　山本崇编：《考证日本灵异记中》，法藏馆，2019 年，第 108 页。
③　大阪狭山市教育委员会教育部历史文化团队编：《行基资料集》，大阪狭山市役所，2016 年，第 89 页。
④　愿出家为僧者，向朝廷提交的剃度申请书。

尼经》这两部杂密经典（《日本灵异记》中有盲人通过信仰千手千眼观音而获得痊愈的故事）^①，不难推知行基的山林修行内容必然包含由杂密经典与医术混合而成的咒术。

值得注意的是，行基修行之所，刚好是役小角所活跃的葛城山脉。由于行基的修行时期与役小角的活跃时期有部分重合，因此有人推测行基与役小角有过一面之缘，甚至役小角在葛城山中所开设的道场，便是少年行基的修行之所。虽然没有任何明确的史料证明役小角与行基的关系，但这些传言并非空穴来风，二者皆选择葛城山脉作为修习咒术之所也绝非偶然。

如前所述，葛城山脉是渡来人氏族的主要移居地之一，比其他地区更容易获得来自东亚大陆的先进文化，其中自然也少不了杂密经典与医疗技术。因此，对试图修习咒术的山岳修行者而言，葛城山脉无疑是一个理想的选择。

这些在此处修行的山岳修行者之间，可能有着非常密切的联系，所以才会产生行基与役小角之间的种种传闻。行基的沙弥身份，使他在以优婆塞为主的山岳修行者中有着极高的声望，否则很难解释他在日后可以将这些隐居山林的优婆塞组织起来，投入社会救济事业。

庆云四年（707 年），行基迁居生马草野^②，一边奉养老母，

---

① 速水侑编：《民众之导者——行基》，吉川弘文馆，2004 年，第 164 页。
② 今奈良县生驹市有里町。

一边继续山林修行活动。如果不出现什么变故的话，行基或许会作为一个普通僧侣，与青灯古佛相伴，在清修中了此一生。然而朝廷在此时所推行的一项国家工程，却在不知不觉中使这位见习僧侣的人生轨迹发生巨大改变。

和铜元年（708 年），朝廷诏告天下，决定由藤原京① 迁都平城京②。为营造夸耀律令制国家威势的新都，朝廷以近畿③ 为中心，向诸国强制征调役民。同时，诸国也征调脚夫运送营造新都的物资与上缴给朝廷的赋税进京。

由此，数以万计的民众为营造新都这一空前的国家工程被强制聚集到平城京。在这个陌生的地方，大都市的繁华生活与他们无关；从家乡的祭祀共同体中被强制剥离，让他们远离了曾经依赖的神祇与提供救济的共同体，孤独地面对内心的空虚与凶险的生存环境。

在和铜灵龟年间（708—717 年）所颁发的诏书中，关于这

---

① 藤原京为 694—710 年间的日本京城，位于奈良县橿原市，被认为是日本首个正式都城。

② 平城京是日本奈良时代的京城，地处今奈良市西郊。和铜三年（710 年），受到道教思想"藏风得水"观念影响的元明天皇（707—715 年在位）迁都于此。直到 784 年桓武天皇迁都奈良市西边的长冈京为止的 74 年中，平城京一直是日本的京城，因而这一时代称为"奈良时代"。

③ 近畿地区（日语：きんきちほう），也称近畿地方，是日本地域中的一个大区域概念。其位于日本本州中西部，东临中部地方，西接中国地方，南濒濑户内海、大阪湾和太平洋，北临若狭湾和日本海。

些役民脚夫生活穷困、衣不蔽体的记载可谓屡见不鲜，还有不少人因为筋疲力尽、饥饿难耐而倒毙归途。①

行基所修行的生驹山，恰好位于进出平城京的主要通道奈良街道附近，他对役民脚夫的悲惨遭遇定然有所见闻，这对行基造成了怎样的心理冲击，由于缺少相关文献记载，我们不得而知，但唯一可确定的，便是行基决定结束山林修行生活，率领与他有着相同志向的优婆塞前往平城京传道，并展开对役民脚夫的救济活动。

在行基的墓志与《行基菩萨传》《行基年谱》等史料中，关于行基在平城京的活动并未提及多少，但有种种迹象表明行基师徒在平城京传道时，曾大肆抨击朝廷的恶政，并积极组织役民脚夫互利互助、自我救济。这些活动产生了极其广泛的社会影响，以至于迫使朝廷下发诏书严厉斥责。而随着抗拒朝廷征召，加入行基师徒行列的人与日俱增，行基的队伍迅速发展为组织严密的行基教团。

据《大僧正记》所载，行基教团主要由被称为"十弟子"的指导层，一百余名翼从弟子、一百余名故侍者、一百余名亲族弟子组成的中坚层构成。由十名翼从弟子与故侍者、六名亲

---

① 《续日本纪》五年春正月乙酉条。

族弟子组成小团体，具体负责传道与社会救济事业。①

以严密的组织开展互利互助、自力救济的社会活动，是众多教团得以成立并维系的关键。但在试图大权独揽的专制朝廷眼中，民众自发结成自力救济的社群是难以容忍的。它不管这种共同体目的如何，只关心是否会威胁到自身的统治。试想一下，如果放任民众结成并维系自立互助的社群，那么专制朝廷存在的意义岂不大打折扣？退一万步讲，民众要靠民间自发救济，是否代表天皇朝廷治国无能呢？无怪乎诏书中会有"合构朋党"这样的强烈指责。

诏书发布后，朝廷怎样对行基教团进行弹压，史书并无记载。一般认为在养老六年（722年）朝廷再次发布弹压行基教团的诏书后，行基放弃在平城京的传道与救济，返回家乡开展新的社会救济事业。但行基在平城京的活动，绝非一无所获。就在离开平城京的前一年，一位出身渡来人氏族秦氏的名叫寺史乙丸的下级官人，将自己的宅邸布施给了行基。②这意味着下级官僚开始加入行基教团。

当时居住在平城京的中央官僚，主要由五位以上的上级官人与六位以下的下级官人构成。上级官人的数量在100人左右，

---

① 高埜利彦等编：《新体系日本史·宗教社会史》，山川出版社，2012年，第278页。

② 胜浦令子：《日本古代僧尼与社会》，吉川弘文馆，2000年，第294—296页。

而下级官人的人数则高达 8400 人，后者主要出身近畿地方豪族，是律令制国家的实际运营者。不过，在氏族贵族主导的奈良朝堂，下级官人的权利与社会地位远低于氏族贵族出身的上级官人，而且几乎没有晋升为上级官人的可能性。而且，与古代中国的中下层京官一样，平城京对这些来自近畿地方农村的下级官人而言，同样居大不易，不少人甚至靠借钱为生，负债累累。①

随着行基教团规模和影响的日益扩大，对下级官人的诱惑也越来越强。生活困顿、精神空虚者指望加入这个互利互助的宗教共同体，得到精神与肉体的救济。更多的人则希望借助行基教团在民众中的影响力，更加顺利地开展整顿交通、兴建水利、开垦新田等国家事业。

对于行基教团而言，与下级官人合作，除了可以减缓来自朝廷的弹压，更重要的是能与这些下级官人出身的广大近畿豪族，特别是渡来人氏族建立直接联系，为教团在地方开展社会救济事业获得便利条件。但如果教团无法获得某些当权者的庇护，则只能选择前往公权力鞭长莫及的地方开展活动，这就是行基离京返乡的动因。

---

① 井上熏编：《行基事典》，国书刊行会，1997 年，第 105—106 页。

行基的知识结与社会救济事业

返回故乡后，行基教团的社会救济事业可谓一帆风顺。据《行基年谱》记载，到天平十一年（739 年），行基教团共修筑桥梁六条、蓄水池十五个、沟渠七条、渡口两处、布施屋九处等诸多公益设施。而由其所创建的寺院，更达数十所之多。①而出人出力支持行基完成这些社会救济事业的，正是在当时被称为"知识结"的宗教共同体。

"知识"一词在今天是指包含经验与理论在内的辨识事物的能力，但在古代，还有相识、朋友、结交之意。如《墨子》"其有知识兄弟欲见之，为召，勿令入里巷中"，此处的知识为朋友之意；再如《南史·虞悰传》"悰性敦实，与人知识，必相存访，亲疏皆有终始，世以此称之"，这里的知识是结交的意思。

佛教传入中国后，僧人们在翻译佛典时，便取相识、朋友、结交之意，将供养僧尼、寺院的信徒译作知识。如《十诵律》"时诸比丘，随所知识各往安居"，就是把为僧人提供住所的信徒称为知识。

在汉传佛教经朝鲜半岛传入日本后，知识一词也作为佛教用语被当时的日本人所熟知。如建造于 666 年的河内野中寺弥

---

① 大阪狭山市教育委员会教育部历史文化团队编：《行基资料集》，大阪狭山市役所，2016 年，第 91—96 页。

勒菩萨像的台座上，便刻有"橘寺知识之等诣，中宫天皇大御身劳坐之时，誓愿之奉弥勒御像也，友等人数一百十八"的铭文。抄录于朱鸟元年（686 年）的日本最古写经《金刚场陀罗尼》卷一开头，则记有"川内国志贵评内知识，为七世父母及一切众生，敬造《金刚场陀罗尼经》一部"的内容。可以看出，这里的知识都是指供奉寺社与僧侣的信徒。[①]

当时佛教寺院在日本列岛的兴建和维持，主要依赖朝廷或豪族、民众的援助。但个人无论是财力还是人力，都难以支持如此浩大的工程，于是便出现了知识结。而所谓知识结，则是取中国结社之意，来指代供奉寺社、僧侣的知识们自发结成的宗教共同体。

行基在平城京展开社会救济事业期间，其支持者虽也有一些地方豪族出身的下级官人，但主体还是那些役民脚夫——原子化的个人。而在天平二年（730 年），这种情况发生了改变。一份抄录于该年的写经《瑜伽师地论》中载有"和泉监大鸟郡日下部乡大领日下部首名麻吕惣知识七百九人"的表文。该文中的和泉监即日后的和泉国，是在灵龟二年（716 年），朝廷将原属于河内国的和泉、大鸟、日根三郡划出组成的。因此这里的和泉监大鸟郡，正是行基故乡河内国大鸟郡。大领则是律令

---

① 竹内理三：《竹内理三著作集 1·奈良时代的寺社经济》，角川书店，2001 年，第 328—329 页。

官制中郡司职的最高长官。表文中的"日下部首名麻吕"很可能是大鸟郡的最高地方长官。一般认为这位日下部首名麻吕乃行基的信徒，他率领的惣知识708人，就是以他为首领，支持行基教团的知识结。鉴于古代日本郡司职多由当地豪族充任，并可世代传袭，再结合这份表文中出现的日下部乡恰好是大领日下部首的氏名，我们可以进一步推测，日下部首名麻吕很可能是以日下部乡为据点的豪族，他所率领的几百人，则是日下部乡民，也即他的族人。这就说明行基教团开始获得以地方豪族为主的知识结的支持。

如果说平城京中的那些被从祭祀共同体中剥离出来的原子化个人是为了从精神到肉体获得祭祀共同体的救济而加入行基教团的，那么，现在这些本身便是祭祀共同体的豪族，为何愿意成为支持行基教团社会救济事业的知识结呢？

这与当时日本社会正在发生的剧变有着密切的关系。

在这一时期，日本已经建立了比较蹩脚的律令制度，说其蹩脚，是因为日本朝廷只能通过地方豪族首领来实现对基层社会的控制。朝廷通过授予这些地方豪族首领各种官职来提升其权力与社会地位，以确保其忠诚和对民众的控制力。

另一方面，随着佛教的传入与遣唐活动的展开，来自东亚大陆的先进文化技术再次大量涌入日本。技术水平的提升，在日本列岛引发了新一轮的开发狂潮。尤其是佛教兴盛之后，以寺庙建筑为中心的建筑、铸造、雕刻、绘画、砖瓦制造等行业的发展尤其迅速。为适应这些行业的需要，除了从国外进口所需各种物资外，在国内陆续发现金、银、铜、铁等矿藏，积极开采以满足所需。这就在日本国内的一些城镇和地方初步形成一些交换商品的市场，商业较之以前有了很大发展。

生产力的发展也影响到了土地制度，朝廷在行基返回和泉的第二年（养老七年，723 年），颁布了三世一身法，规定开垦的新田可由父子孙三代所有。天平十五年（743 年）更进一步颁布了垦田永年私财法，取消新田只能传及三代的限制，正式确立土地私有制。[①]

前面说过，古代日本的基层社会主要由以社群为中心结成的祭祀共同体构成。所谓的豪族首领，虽然有权主持祭祀并组织生产活动，但在绝大多数情况下，并不拥有比其他共同体成员更多的财产。共同体内的土地是全体成员的共同财产，不容个人染指。[②] 而且，为防止豪族首领因职务便利而萌生破坏共

---

① 《类聚三代格》天平十五年五月廿七日：勅。如闻。垦田拠养老七年格，限满之后，依例收授。由是农夫怠倦，开地复荒。自今以后，任为私财。无论三世一身，悉咸永年莫取。其国司在任之日，垦田一依前格。但人为开田占地者，先就国申请，然后开之。不得因兹占请百姓有妨之地。若受地之后至于三年，本主不开者，听他人开垦。

② 义江彰夫：《日本的佛教与神祇信仰》，陆晚霞译，商务印书馆，2010 年，第43—46 页。

同体一般规则的念头，进而凭借权力伤害共同体其他成员的利益，所以由祭祀的神明靠着形而上的神圣地位，将共同体的一般规则秩序化，成为心照不宣的"习惯法"。

然而，随着朝廷赐予豪族首领可以世代承袭的官职，并且正式认可开垦的新田归开垦者个人所有，共同体内部秩序发生了剧烈动荡。获得受朝廷保障的政治地位，让豪族首领萌发出重新定位与其他共同体成员关系的野心。而开垦的新田归开垦者个人所有，则使得在不触发共同体习惯法的前提下，提升个人经济实力成为可能。

不过，要把可能变为现实，还需解决两个问题。

首先，共同体的内部秩序原先是由所祭祀的神灵来维系的，现在要重新定义豪族首领与其他成员之间的关系，那么该如何对待神灵呢？

其次，开垦新田固然可以提升自身的经济实力，但日本列岛复杂多山的自然条件对开垦新田造成了巨大障碍，尤其是整备水利系统这样的大工程，更非豪族首领一家之力所能够完成。但如果要求共同体成员共同开发新田，则必然涉及如何分配的问题。

而在此时登场的行基教团，对那些试图改变现状的豪族首领而言，无疑是一个非常理想的合作对象。

行基在平城京的社会救济事业虽然以失败告终，但其所掌握的各种咒术、在平城京所积攒的声望，特别是关于他的各种灵异谭，让地方豪族首领有理由认为其灵威足以对抗祭祀共同体的古神。①

而且，行基教团除了拥有大量为修建平城京而被征召的小技术工匠，还笼络了不少出身掌握专业技能的职业氏族的信徒。如《大僧正记》所记载的行基十大弟子中，便有出身弓削氏的景静、出身土师氏的法义、出身秦氏的延丰等人。其中弓削氏与土师氏都是日本本土的职业氏族，而秦氏是渡来人氏族，掌握了不少来自东亚大陆的先进技术（如纺织技术），甚至在日后桓武天皇营建新都时也出力不少。

除此之外，行基教团在平城京期间还与出身近畿豪族的下级官人建立了密切的联系。可以说，行基教团不仅拥有豪族们所渴求的灵威、技术、人力，还有可靠的中介人。无怪乎行基在被朝廷驱逐出平城京后，会迅速获得地方豪族的大力支持。

值得注意的是，行基教团在地方的社会救济中，除延续之前设立布施所、寺院等救济设施外，还积极参与整顿交通与修建蓄水池、沟渠等水利设施。这些活动，无疑非常符合地方豪族开垦新田的强烈诉求。

当然，获得豪族大力支持后的行基教团，并没有仅仅专注

----

① 速水侑编:《民众之导者——行基》，吉川弘文馆，2004年，第39—40页。

于社会救济事业。据《续日本纪》所收录的一份诏书记载，就在日下部首名麻吕率领知识结奉献写经的天平二年（730年），平城京附近发现有人聚集民众，惑以妖言。据说，聚集的民众规模少则数千人，多则上万人。一般认为这是行基教团的传道活动。[①]

在被朝廷驱逐出平城京八年后，行基教团再度卷土重来。那么这一次，流放了役小角、驱逐过行基的朝廷，又会如何应对呢？这是一个相当棘手的考验。

三　受戒于"鬼僧"的天皇

天平十七年（745年），朝廷做出了一个惊人决策，册封那位曾经被朝廷斥责的行基为大僧正。在册封诏书中，也不再称行基为小僧，而是尊称为行基法师。

根据朝廷制定的僧纲制，僧正、僧都、律师为统御僧尼、实施法令的僧官，其中，僧正为最高职位，仅能由一人担任，且会被朝廷授予准正五位的位阶。[②] 对于僧人而言，成为僧正

[①]　千田稔：《天平之僧行基》，中央公论社，1994年，第88—98页。
[②]　《令集解》丧葬：大宝元年七月四日敕裁：僧纲赙物者，僧正准正五位，大少僧都律师并准从五位给之。

已非易事，更何况是僧纲制里尚未出现的、位居僧正之上的大僧正。

虽然天平三年（731年）所颁布的诏书中，朝廷已经改变了对行基教团的敌视态度，并认可行基正式僧人的身份，称其为法师①，但行基仍然是混迹于民间的僧人，而非真正意义上的官僧，更未曾担当过任何僧纲官职。朝廷现在居然为其特设比僧官最高职位僧正还高的大僧正一职，将这么一位来历不明的乡野游僧拔擢到所有官僧之上，官僧们会毫无异议？

官方史书《续日本纪》中未曾记载官僧们对行基就任大僧正的任何表态，但是景戒撰写的《日本灵异记》中的一则故事倒可以提供些许线索。

因妒火堕入地狱的高僧

河内国安宿郡②锄田寺有一位叫智光的僧人。他天资聪慧，才学过人，曾注释《盂兰盆经》《大般若经》《般若心经》，为众学僧传说佛法。

---

① 《续日本纪》天平三年癸未：诏曰：比年随逐行基法师优婆塞优婆夷等，如法修行者，男年六十一以上，女年五十五以上，咸听入道。自余持钵行路者，仰所由司严加捉搦，其有遇父母夫丧，期年以内修行，勿论。

② 今大阪府柏原市。

天平十六年冬十一月，行基因获圣武天皇（724—749年在位）尊崇，就任大僧正。[1]

智光在听闻此事后，不由得妒火中烧，对旁人说道：吾乃睿智之士，行基不过是一介沙弥。何以天皇不重用吾辈，却尊崇区区沙弥。智光越想越气，终于一病不起。临终前特意嘱咐弟子，对外封锁自己的死讯，并将肉身先放置九至十日，切勿火化。

智光死后，弟子按其嘱咐秘不发表，照看师父的肉身。智光的魂魄则被阎罗王的使者带往地狱。在被强行押上炮烙，饱受烈焰烧烤之苦后，智光终于被带到一座金色的宫门前。由宫门中出来两人，他们告诉智光，他之所以被带至地狱，并遭受炮烙之刑，完全是其诽谤行基菩萨所致。在经过炮烙之刑后，其诽谤圣人的罪孽已经消解，可以重返阳间，但在返回肉身之前，切记不可食用被黄泉国之火所熏烤的食物。

智光还魂之后，向弟子诉说了自己游历地狱的经历，并马上去拜访行基，发现行基正在指挥修建桥梁渡口。感慨不已的智光向行基诉说了自己被阎罗王抓往地狱受炮烙之刑的经历，并表示对行基心服口服。行基听闻之后，也是且惊且喜。[2]

这则故事和隋朝建立后有人风传在阎罗王处见到受刑的北

---

① 《续日本纪》为天平十七年春正月。

② 山本崇编：《考证日本灵异记》（中），法藏馆，2019年，第107—125页。

周武帝一样，体现的都是一种思潮和愿望。即便放在一千多年后的今天，我们仍能感受到优婆塞出身的作者景戒对官僧的满满恶意。其实，官僧对行基的妒意，并不是空穴来风。

据《续日本纪》所载，就在行基被册封为大僧正的前一年，一位叫道慈的官僧，在失意中与世长辞。临终前，道慈写下了名为《愚志》的著作。在书中，道慈对当时的日本佛教界进行了激烈指责，哀叹日本所行之佛法，完全不同于大唐之圣道。①

道慈和尚与《日本灵异记》中出现的智光一样，皆为精通佛法、桃李满门的高僧。他曾于大宝元年（701 年）入唐求法。学成之后于养老二年（718 年）返日。他才学过人，与另一僧人神叡号称释门双秀，在天平初年曾以律师身份主导了平城京佛教界。然而就是这样一位堪称人中龙凤的高僧，却在朝廷与行基教团积极接近后，从僧坛悄然隐去。有一种说法认为，这位才高气傲的精神贵族是通过隐退的方式对朝廷以高官厚禄招安行基这个山野游僧表示抗议。

虽然没有任何明显的史料能够证明这一说法，但只要官僧们并非不食人间烟火的佛陀，他们便有充分的理由对朝廷赐予行基的种种殊荣感到愤怒。

---

① 《续日本纪》天平十六年冬十月辛卯：律师道慈法师卒。……著述愚志一卷论僧尼之事。其略曰，今察日本素缁行佛法轨模全异大唐道俗传圣教法则。若顺经典，能护国土。如违宪章，不利人民。一国佛法，万家修善，何用虚设。岂不慎乎。

在当时的日本，一旦剃度出家，便会被编入僧籍，享有免除赋税等种种特权。故朝廷对剃度出家的名额管控极严，一般情况下每年剃度者不过 10—15 名。名额如此之少，获得剃度资格的考试自然也不会轻松，不仅要求能够以吴音①暗诵中文写成的《法华经》与《金光明最胜王经》，还需在某一官僧门下修行三年，并精通繁杂的佛门礼仪。当然也有遇到特殊情况临时增加剃度名额的时候，数量在数十至数百不等，②而且对这些"幸运儿"的要求也不会太过严格。但若想进一步获得受戒资格，成为独当一面的正式僧人，依旧需要修行《法华》《最胜》《威仪》三部经典。③

因此，想要成为官僧，获得被朝廷豢养的殊荣，其难度相比于同时期大唐王朝的科举考试，只怕是有过之而无不及。与一考定终身的科举考试不同，当时的日本僧人以和、汉两种语言研读佛教经典，好不容易受戒成为正式僧人之后，漫长的升迁之路才刚刚开始。他们还需要通过一系列的考核，方有机会成为被称为师位僧的上级官僧。④有机会出任僧纲者，更是上级

---

① 吴音（ごおん）是日本汉字音（音读）的一种，指日本自大和时代从南朝建康传入在日本使用的汉字音。到奈良时代又从唐朝长安传入新汉音。吴音与汉音一样，主要传承了中古汉语的特征。

② 根本诚二：《奈良佛教与行基传承的展开》，雄山阁，1992 年，第 4—7 页。

③ 朝枝善照编：《律令国家与佛教》，雄山阁，1994 年，第 199 页。

④ 朝枝善照编：《律令国家与佛教》，雄山阁，1994 年，第 204 页。

官僧中的佼佼者。

在行基活跃的时代，那些出任僧纲的上级官僧，诸如义渊、玄昉、神叡、道慈等，谁不是寒窗苦读数十年。玄昉与道慈甚至游学大唐近二十年，好不容易学成归国，还要苦熬几十年，历尽艰辛才荣任僧纲。

而行基呢？用《扶桑略记》的话来说，不过是"未经僧位，不受于具足戒"的山野游僧，别说游学于大唐的留洋经历，甚至连朝廷所规定的具足戒都未曾受过。他何德何能获得天恩垂青，一跃而居于众官僧之上，荣任连上级官僧都未曾获得过的大僧正？

人如果过度沉溺于知识的海洋，便非常容易丧失现实感，比如智光、道慈这样的知识精英便是典型的例子。这些人诚然有着留洋海外的傲人背景、有着才富五车的过人学识，甚至桃李满门而受人敬仰。但象牙塔中的荣耀使他们渐渐丧失了现实感，以为能凭借过人的才学获得朝廷尊崇，却没有意识到自己对朝廷而言，充其量不过是被豢养的文化帮闲，虽可作为王冠上最为璀璨的宝石，增添王权的威严与光彩，却不可能成为王权的根本支柱。这些才高气傲，因行基获得朝廷尊崇而嫉妒不已的高僧，恐怕还丝毫没意识到，豢养他们的朝廷此时正面临着何等严峻的统治危机。

圣武天皇的忧虑

奈良时代，在后人眼中无疑是一个辉煌璀璨的时代。在这一时期，日本不仅效仿大唐，确立律令制度，在文学、建筑艺术、工艺等领域也因受到东亚大陆先进文化的影响，而获得巨大提升，创作出诸如药师寺吉祥天女画像、正仓院的鸟毛立女屏风、东大寺四天王像、唐招提寺鉴真像等精美的艺术品和东大寺法华堂、法隆寺梦殿等气势恢宏的建筑。

圣武天皇在位的天平年间（729—749 年），正是奈良文化的巅峰期，世界现存最大的青铜佛像东大寺卢舍那大佛，就是在此时开始动工营造，因此奈良的文化往往又被称为"天平文化"。

然而，如同风花雪月的平安时代背后是怨灵跋扈、百鬼夜行的凄惨画卷一样，在记载奈良时代历史的官方史书《续日本纪》中，圣武天皇之治世也充斥着接连不断的天变地异与各种灾祸。

就在圣武天皇刚刚即位的养老六年（722 年），朝廷因连年旱灾，且祭祀名山与神祇求雨未果，

圣武天皇像

而下诏自责，并大赦天下。[1]

神龟二年（725年），刚开年便出现彗星。在刚刚传入的中国灾异思想[2]影响下，当时的日本人也认为彗星是不吉利的灾异，因此朝廷马上召集六百名僧侣诵经，试图以此消除灾异。[3]

神龟四年，朝廷为消除灾异，再次召集九百名僧尼诵经。[4]

然而诵经似乎没有起到多少效果。

天平元年（729年），左大臣长屋王（684—729年）被诬欲以巫术倾覆国家。这位醉心唐朝文化，不仅积极参与建立律令制度，还曾写下"山川异域，风月同天，寄诸佛子，共结来缘"这样佳句的当朝宰辅，竟在六卫府兵士包围下，被逼得与妻儿一同上吊自尽。[5]

天平七年，九州突然暴发天花，并迅速蔓延到近畿地区，直到天平九年才平息下来。后人根据《正仓院文书》所收录的

---

[1] 《续日本纪》养老六年秋七月丙子：诏曰，阴阳错谬，灾旱频臻。由是奉币名山，奠祭神祇，甘雨未降，黎元失业。朕之薄德，致于此欤。百姓何罪，靡萎甚矣。宜大赦天下。

[2] 关于灾异思想，《汉书·宣帝纪》中就有"盖灾异者，天地之戒也"的说法，是指在古代，人们会把自然灾害以及不寻常的天象作为指导社会行为规范的准则，如果灾异过于频繁，那么统治者的合法性就要受到质疑。这种思想蕴含了朴素的万物有灵思想，但在中国儒家精英登上舞台后，灾异思想成为规劝君王行德政的主要手段，也催生了司天台、翰林天文院这样的古代天文研究机构。

[3] 《续日本纪》神龟二年正月己卯条。

[4] 《续日本纪》神龟四年二月辛酉条。

[5] 参见《续日本纪》天平元年二月条。

税簿统计，这场持续三年的天花大流行，导致日本列岛减少了25%—35%的人口。[1] 天花肆虐之下，众生平等，不仅大量平民死于瘟疫，甚至连执掌朝政的藤原四兄弟[2]也未能逃脱死神的魔爪。官员的大量死亡导致朝廷的政务一时陷入停滞状态。[3]

这种蔓延至全社会的灾难，已经危及大和朝廷的统治，更为严重的是，它动摇了天皇的神圣性，宣告了朝廷独占佛教僧团咒术灵威的破产。圣武天皇之前的历代天皇明令禁止僧侣与一般民众接触。但问题在于，如果为维持佛教咒术的神秘性，而完全杜绝僧侣与民众的接触，尤其是不让民众不断见识到僧侣们借由咒术所展示的奇迹，民众又如何对僧侣的祈福禳疫活动抱有信心？这一点，成为朝廷所推行的佛教僧团统制政策的致命缺陷。

此时的圣武天皇是否会想起记纪中所记载的崇神天皇故事？据《续日本纪》记载，朝廷在天平大瘟疫期间屡屡祭祀神

---

[1]　William Wayne Farris, *Population, Disease, and Land in Early Japan, 645-900*. Harvard University Asia Center, 1985, pp.65–66.

[2]　即藤原武智麻吕（680—737年）、藤原房前（681—737年）、藤原宇合（694—737年）、藤原麻吕（695—737年）四兄弟，他们与圣武天皇的皇后藤原光明子（701—760年）的父亲皆为右大臣藤原不比等（659—720年）。藤原氏正是在这五位兄妹的合作之下，在这一时期击败长屋王，得以把持朝政，为日后的摄关政治奠定坚实基础。

[3]　吉川真司：《天皇的历史2·圣武天皇与佛都平城京》，讲谈社，2018年，第121—128页。

祇，大赦天下，请僧侣进宫诵经消灾，并一次性让 978 人剃度出家，想方设法试图平息瘟疫，但收效甚微。[①] 现在，在佛法的加持之下，天皇的咒术仍无法创造能够回应民众期待的奇迹，这自然会使天皇对日本列岛的神圣支配遭受严重质疑，进而引发统治合法性危机。

实际上就在瘟疫刚刚平息不久，因政治斗争失败而被左迁为太宰少贰[②] 的藤原广嗣（？—740 年）便于天平十二年（740 年）八月打着清君侧的旗号在筑前国[③] 起兵造反。虽然这场叛乱不到两个月便被平定，但从圣武天皇在叛乱平息后马上巡幸东国与策划迁都的行动来看，这场叛乱对其造成了巨大的心理冲击，让他更加清晰地意识到自己正面临着严峻的统治危机。[④]

此时的圣武天皇，与记纪中的崇神天皇一样，都希望能找到一位如大田田根子那样，能够展现奇迹，强化天皇卡里斯玛的人物。

讽刺的是，当时的日本最有资格承担这一使命的，并非朝廷所豢养的官僧，而是曾因违反《僧尼令》而被朝廷下诏斥责的行基。

---

① 《续日本纪》天平九年五月壬辰条、秋七月乙未条。
② 太宰少贰为日本古代主管九州的政治机构太宰府中所设官职，仅次于太宰帅与太宰大贰。唐名为都督司马，主管九州地方的军事事务。
③ 今九州福冈县一带。
④ 速水侑编：《民众之导者——行基》，吉川弘文馆，2004 年，第 69 页。

皇后、天皇与菩萨

如前所述，在获得地方豪族支持后，行基教团的活动重心由平城京的役民救济转变为在地方开展修路搭桥、兴建水利设施、营造带有布施所色彩的寺院等。在今天看来，修路搭桥、兴建水利设施等活动不过是单纯的土木工程，但在当时的日本却并非如此。

行基集团开展土木工程的地区，多为崇山峻岭之间的丘陵地区或冲积平原，崎岖复杂的地形特征与水流湍急的河川，大大增加了工程施工的难度，所以才会出现诸如《日本灵异记》中所记载的役小角驱使鬼神在崇山峻岭之间修建桥梁的民间传说。由此，也不难想象行基率领信徒不断克服各种艰难险阻而建成桥梁与水利设施，在当时的日本人眼中是何等不可思议的奇迹。

再加上长达数十年的山岳修行经历赋予行基的神秘感，行基教团所掌握的咒术秘仪，以及为救济世人而开展的长达数十年的社会救济活动，都使得这位曾经被朝廷斥责为"小僧"的山野游僧身上，洋溢着超凡脱俗的卡里斯玛，成为世人眼中的"活菩萨"。

天平十三年（741年），圣武天皇巡幸了行基在新都恭仁京附近营造的寺院泉桥院。在这里，天皇见到了行基，并与其畅谈终日。行基向天皇介绍自己与众知识营造寺院的经过，并请求朝廷设立救济孤寡老者的给孤独园。天皇不仅应允了行基的请求，还布施给行基封户一百户。随行的右大臣橘诸兄[①]（684—757 年）也布施给行基五十户。行基虽拒绝了天皇与橘诸兄所布施的封户，但朝廷却决定以这些封户作为行基坐化之后，供养大小寺院僧侣为行基诵经之用。[②]

有趣的是，就在圣武天皇巡幸泉桥院的前一年，朝廷决定在山城国相乐郡木津川沿岸地区[③]营造新都恭仁京。而做出这一决策的，正是陪同天皇巡幸泉桥院，并布施给行基封户的右大臣橘诸兄。而行基恰恰是在同一时间，开始在进出恭仁京的交通要道木津川畔建设桥梁，并营建带有布施屋性质的泉桥院。天皇与橘诸兄，恰恰又在次年巡幸泉桥院，会见行基并布施封户。这些事件发生的时间如此巧合，不得不让人怀疑早在圣武天皇巡幸泉桥院之前，朝廷便与行基教团达成了某些不为人知的协议。

而促成这些协议达成的关键人物，很可能是圣武天皇的皇后藤原光明子（701—760 年）。

---

① 橘诸兄，即葛城王，敏达天皇后裔。本属皇族的他被降为臣籍，赐橘姓。脱离皇籍的橘诸兄，位至正一位太政大臣，是奈良时代著名的政治家。
② 大阪狭山市教育委员会教育部历史文化团队编：《行基资料集》，大阪狭山市役所，2016 年，第 42 页。
③ 今京都府木津川市。

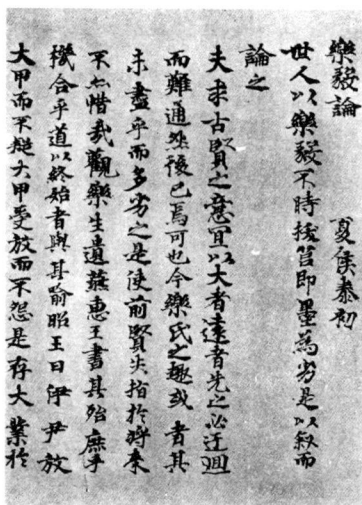

光明子皇后临王羲之《乐毅论》（局部）

光明子皇后是藤原不比等与县犬养三千代（665—733年）之女。县犬养三千代是一位以笃信佛教而知名的贵族女性，在养老五年（721年）元明上皇（？—721）病重之际，曾以出家为由，主动请求返还封地与封户。[1] 受母亲影响，光明子皇后也是一位虔诚的佛教信徒。在成为皇后之前，便为超度早夭的儿子基王，修建了金钟山房，也就是日后闻名世界的东大寺。[2] 在被立为皇后的次年（730年），光明子皇后依照佛教的社会救济思想，主持设立了施药院、悲田院等救济贫病之人的社会救济设施。[3] 这也是朝廷首次设立带有官方色彩的佛教救济设施。虽然并不清楚行基与光明子皇后在这段时期是否有过接触，但是笃信佛教，热衷于佛教救济事业的光明子皇后，不可能对行

---

[1] 《续日本纪》养老五年五月乙丑条。

[2] 东大寺是日本华严宗大本山，又称为大华严寺、金光明四天王护国寺等，位于平城京（今奈良）东，是南都七大寺之一，距今有1200余年的历史。东大寺大佛殿是当今世界最大的木造建筑。

[3] 《续日本纪》天平宝字四年六月乙丑条。

基在这一时期所开展的社会救济事业一无所知。

另外，执掌朝政的右大臣橘诸兄的妻子，正是光明子皇后的同母妹妹藤原多比能，光明子皇后极有可能通过妹妹多比能，对橘诸兄施加了某些影响，促使朝廷转变了对行基教团的弹压策略。

作为流放役小角的文武天皇的第一皇子，圣武天皇并非一位强势君主。七岁时，父亲去世，母亲藤原宫子（？—754 年）也因患有精神障碍疾病而长达三十余年不能与其相见。由于年幼病弱，加上朝中皇亲势力与外戚势力的尖锐对立，其伯母元正天皇（707—715 年在位）不得不在圣武天皇成人之前，代替其继承皇位，以稳定朝局。

这种与父母生离死别，并依靠女性长辈熬过难关的童年经历，导致天皇很容易受到强势女性的影响。而光明子皇后，恰恰又是这样一位强势而又充满个性的女性。虽然《续日本纪》中没有多少关于圣武天皇与光明子皇后夫妻关系的记载，但通过光明子皇后是有史以来第一位以非皇族出身而被册封为皇后的女性，以及其女安倍内亲王①越过圣武天皇的唯一男性继承人安积亲王（728—744 年）于天平十年（738 年）被册立为日本历史上唯一一位女性皇太子等事例来看，光明子皇后无疑对圣

---

① 即日后的孝谦天皇（749—758 年在位）。

武天皇有着巨大的影响力。

虽然我们无从得知光明子皇后如何促成了天皇巡幸泉桥院与行基相会，但这次会面无疑给圣武天皇留下了极其深刻的影响——天皇回京后不久，便迫不及待地开始推行其建立佛国的理想。

天皇受戒

天平十五年（743年）十月，也就是圣武天皇泉桥院之行的两年后，朝廷颁布了有名的"大佛造立之诏"。天皇在诏书中发菩萨大愿，宣称要倾尽举国之铜以造像，削崇山峻岭以为堂，营造卢舍那金铜大佛像一座。[①]

早在天平十二年二月，圣武天皇在从难波[②]返回恭仁京途中，曾巡幸河内国大县郡[③]的知识寺，并礼拜了寺中安放的卢舍那佛像。想必这座巨大造像给圣武天皇留下了深刻印象，由此萌发了营造佛像的想法。

当然，作为君临日本列岛的统治者，圣武天皇发愿以倾国之力营造空前巨大的金铜佛像，绝非一时兴起。

① 《续日本纪》天平十五年冬十月辛巳条。
② 今大阪府大阪市。
③ 今大阪府柏原市。

先前，尽管朝廷试图独占对佛教教团的控制，但地方豪族与民众依旧自发结成供养寺院与僧侣的知识结。圣武天皇在大县郡知识寺所礼拜的卢舍那佛像，也是当地的众知识合力营造而成。因此，圣武天皇营造卢舍那佛金铜巨像的想法，与其说是单纯为佛像气势所震撼，不如说是想将这股能够营造巨大佛像的社会力量收为己用。更进一步说，通过营造卢舍那佛金铜巨像这一国家工程，将日本全国转化为供奉卢舍那佛金铜巨像的知识，而圣武天皇作为这个知识的发起者，可以借此机会，重新整合已经因天皇神圣性日益消退而离散的人心。这种意图，在大佛造立之诏中表露得极其明显。

在诏书中，天皇强调：天下之财富、权势，无有过于朕者。然而以此财富、权势营造佛像，事虽易成，心实难至。可能会因劳民伤财而无法感动上天，反而招致民怨之忧。故欲为（造立卢舍那佛像）知识者，只需恳发至诚，每日三拜卢舍那佛，各自存念造像之事即可。若有人愿意以一根草、一把土以助造像，也当恣听之。国司、郡司切不可因此事强行征敛，侵扰百姓。①

为何圣武天皇要在诏书中强调自愿参与原则，并禁止国司、郡司借此对百姓强行征敛呢？

---

① 《续日本纪》天平十五年冬十月辛巳条。

现在东大寺内的卢舍那大佛铜像

有一点值得一提，虽然营造大佛的根本动机在于强化天皇的统治合法性，但在这份诏书中，圣武天皇却极力淡化公权力色彩，不仅对国家二字绝口不提，反而如同僧人一样，强调修建大佛的目的是要让大家同蒙利益，共致菩提，体现出一种与律令制国家截然不同的政治逻辑。

在隋唐这种大一统的中华帝国统治下，无论是律令格式的制定，还是依据律令条文进行政治治理，都是基于理性原则，而非民众与当权者的政治博弈。也就是说，民众自一开始便被排除在政治决策之外。只有在政策具体实行的过程中，职业官僚才会在某种程度上与民众产生互动。发展到宋朝，也就是所谓的"与士大夫治天下，非与百姓治天下"。① 日后

① 当然，这并非说作为职业官僚的士大夫在制定政策的过程中不会考虑百姓的利益，而是说他们基于民众必然愚昧无知的预设，民众必然不清楚自己的真实利益所在。唯有饱读诗书并具备理性思维的士大夫，才知道并维护民众的真实利益。也就是说，士大夫虽然会根据自己所认知的民意与民众的真实利益去治国理政，却无须民众参与其中。

的中国帝王，既是朝廷的统治者，同时又是士大夫的领袖。皇帝在任用士大夫君临天下的同时，又不得不在某些程度上对士大夫作出妥协，按照士大夫的愿望，做一个合格的君主，比如敬天法祖、兴修水利、劝课农桑。无论皇帝内心是否对佛、道两教亲近，在具体的政治运作中，必须按照儒家思想来打造自己的形象。中国帝王统治的合法性要靠自己，勤政就是考验中式君主的一项重要标准。如果中华大地发生灾荒瘟疫，中国皇帝需要的是下罪己诏，然后抓紧赈灾。在多大程度上能让百姓迅速恢复正常生活，才是中国皇帝统治合法性能否维持之所在。

但是日本天皇的统治合法性与中国皇帝不同，他们需要的是奇迹而非理性。一旦天皇的祈祷和主持的祭祀未能减缓灾难，就会导致天皇的卡里斯玛逐渐丧失，引发统治合法性危机。而统治者能够不断创造出奇迹的关键，不仅在于切实掌握被统治者的现实需求，更在于让被统治者自愿参与到奇迹的创造中来。

比如行基，他之所以能以一介山野游僧之身获得近畿地区的豪族与庶民的尊崇，就是因为他所推行的社会救济事业不仅切实回应了豪族与庶民的现实需求，甚至使豪族与庶民自愿参与到行基教团的社会救济事业之中，在没有公权力的支持下，完成了一个又一个看似奇迹的社会救济事业。

我们不清楚圣武天皇与光明子皇后对行基教团的社会救济事业认知到何等程度，但可以肯定的是，在行基向天皇介绍了教团所开展的社会救济事业后，天皇便做出迁都紫香乐宫①，并在该地营造金铜卢舍那佛巨像的决定。此外，行基教团，特别是行基本人，很可能在大佛营造的过程中扮演了十分重要的角色。②

为何带有反体制色彩的行基教团会参与如此劳民伤财的国家事业？因为绝大多数的政治活动，都不是你死我活的零和博弈或者践行为天下苍生、家国百姓谋福利的空洞理想，而是为所属共同体谋取切实利益的博弈。更何况行基教团虽然有着反体制的色彩，但这更多是出于开展社会救济活动的现实需求，而非试图颠覆体制。

宗教作为一种理念，自然需要悲天悯人、普度众生的理想主义情怀，但宗教组织作为一个社团，则需要考虑维系社群的现实需求，因此必须将照顾社团内部成员的利益以及社团成员的种种世俗需求放在首位。行基的所作所为，并没有什么特殊性。

---

① 今滋贺县甲贺市。

② 吉川真司：《天皇的历史2·圣武天皇与佛都平城京》，讲谈社，2018年，第187—188页；速水侑编：《民众之导者——行基》，吉川弘文馆，2004年，第130—131页。

而参与朝廷所主导的国家事业，不仅能进一步提升教团的威望，还能解决教团信徒的就业问题，何乐而不为？其实不仅此时的行基教团如此，日后的修验道、日莲宗①、一向宗②莫不如此，虽然在诞生之初有着强烈的反体制色彩，但最终都会寻找到与世俗统治者的共存之道。

天平十七年（745年）正月，行基被任命为大僧正，四年之后，圣武天皇退位，并在行基处受戒出家，正式成为行基的弟子。③自此，行基的弟子以及跟随他的优婆塞也接连不断地获得官方的认可。《僧尼令》中关于僧人不得与世俗接触的律法，实际上已经名存实亡。虽然朝廷并未就此放弃借助佛教强化王朝支配秩序的努力，但已经开始逐步挣脱王权束缚的佛教教团，不再如早期的官僧那样安心于扮演皓首穷经的文化帮闲角色，而是根据自身的独立意识，开始如行基一样联结民众，在与朝廷的博弈中谋求自身的利益。

① 日莲宗，一般指日莲教，日本佛教主要宗派之一，为镰仓时代僧人日莲（1222—1282年）创立。也被称为法华宗。

② 一向宗即净土真宗，日本佛教主要宗派之一，为镰仓时代僧人亲鸾（1173—1263年）所创，虽净土真宗出自净土宗，但两者无从属关系。

③ 大阪狭山市教育委员会教育部历史文化团队编：《行基资料集》，大阪狭山市役所，2016年，第97页。

结语

权力的来源有三种：传统型、个人魅力型、法理型。如果探究人类最早的权威类型，毫无疑问是个人魅力型。

中国和日本虽然是邻邦，所走的道路却是截然不同的。

中国最早的三皇五帝都是集巫师和军事领袖于一身的人物，随着秦制的建立，由职业官僚主导的法理型支配模式成为主流，帝王更多是作为职业官僚体系的领袖，而很少被视为一位充满卡里斯玛的巫王。

日本天皇缺乏军事力量，又无法拥有中国那样强大而高效的职业官僚集团，因此只能依赖由巫术所赋予的卡里斯玛来维系其对日本列岛的支配地位。这就导致天皇不仅需要通过创造奇迹来保持其统治合法性，而且还要接受与氏族豪强共治天下的政治格局。

日本列岛缺乏诞生秦皇汉武、唐宗明祖这种强势君主的政治土壤。任何统治者，都很难突破合议制的政治框架，若试图以强势手段集中权力，则很容易招致反噬。统治者所能做的，就是在不同豪族之间施展手腕，假力于人，通过与某些豪族结盟的方式来扩大影响力、稳固自身地位。

在了解到隋唐帝国的官僚集权制度后，心向往之的天皇也模仿着搞出律令制，强化自身的权威，意图向中式帝王转变。

但天皇推行律令制，依旧无法离开豪族的支持。几番操作下来，政治权威确实得到了加强，但臣强君弱的政治格局仍然无法撼动，反而为藤原氏的摄关政治埋下了伏笔。君王的理想总要面临现实社会的限制，天皇无法改变列岛的社会政治格局正如中华帝王不能靠着一己之力管理偌大帝国。

除世俗层面的困扰外，信仰层面的问题或许更为致命。一直以来，由本土信仰体系所提供的克里斯玛是天皇赖以君临日本列岛的关键。但天皇建立律令制度向中式帝王转变的尝试，对其自身的克里斯玛带来了无可避免的损害。因此，天皇选择引入佛教的力量，试图借助大唐的神秘咒术来弥补自身克里斯玛的不足。而为了确保对这一咒术资源的独占性，对佛教教团进行各种严格规制，甚至禁止其与民间社会有过多接触。

但是，佛教作为普世宗教，救济世人、普度众生才是其根本诉求。朝廷的政策与佛教的根本诉求之间，自一开始便有着无法调和的巨大矛盾。虽然朝廷为强化对佛教教团之独占，对于民间的佛教势力进行各种打压，但以役小角、行基为代表的私度僧却在民间顽强地生存下来，并借助从东亚大陆获得的先进知识，在现实层面也能给予豪族与民众各种帮助，最终形成了声势浩大、带有反体制色彩的民间教团势力。

如果在中国，拥有强大官僚行政力量的皇权很可能会以暴力彻底驯服这些反体制势力，但对于没有强大行政力量的日本朝廷而言，继续之前的态度是极其不明智的，最好的办法就是将之收编，为己所用。

这时候，天皇和佛教就有了共同的目标，二者最终走到了一起。

但世间不变的规则就是阴阳互渗，在利用一种力量解决掉过去问题的时候，必然会带来更多的问题，这就是"波纹效应"。

很快，佛教与天皇合作后，就变得不再可控。天皇的难题才刚刚开始。

第四章　众神皈依

朝廷建立新国家祭祀体系的初衷，是想借此统合地方的祭祀体系，以此强化对地方的支配。但地方豪族之所以响应朝廷的号召，并非为了朝廷的宏图大业，相较于积攒政绩以博取中央朝廷的青睐，几乎无缘中央政坛的地方豪族更多考虑的是如何利用朝廷政策来强化自身对地方社会的支配。

　　在大多数文明的历史中，外来宗教与本土信仰间的关系常常充满紧张与对立。以欧洲为例，在基督教传入罗马帝国初期，信奉希腊罗马诸神的罗马人对基督教的镇压可谓不遗余力。而当基督教站稳脚跟，成为罗马帝国乃至欧洲大陆的主要信仰之后，其对古老的多神教系也是肆意弹压，不仅将古老的异教诸神斥为恶魔，甚至如古埃及的祭司们一样，禁止信徒诵念诸神之名号，竭尽全力地抹除这些神灵曾经存在过的任何痕迹。

　　在佛教传入之初，日本也出现过激烈的崇佛排佛之争，虽然崇佛派取得了胜利，但这并不意味着日本列岛本土信仰的失败：无论是中央还是地方的祭祀体系，列岛本土诸神而非外来佛陀，才是被祭祀的主要对象。

　　虽然天皇们效仿隋唐建立律令制度，并逐渐开始以佛教为中心建构新的国家祭祀体系，但是，作为天孙之后，天祖权现的天皇，其统治合法性已与本土信仰体系牢牢绑定，而且他们也不像基督教教团所仰仗的罗马皇帝或日耳曼首领那样，拥有能够毁灭本土信仰体系的军事力量。因此，如何调和本土诸神与外来佛陀的关系，将旧有的本土祭祀体系融入新的国家祭祀体系，便成为令天皇们烦恼不已的头等大事。

一　八幡大神与大佛营造

在上一章中，我们曾提到圣武天皇试图通过迁都甲贺并在该地营造大佛来重新整合日益离散的人心。然而，这一计划推行得并不顺利，不仅朝臣们对营造新都大加反对，连上天好像也不支持，天平十七年（745 年）多次发生山林大火与地震等灾害。在征询官僧的意见后，圣武天皇不得不放弃迁都计划，[①]大佛的营造也被转移至平城京东大寺。其后，大佛的营造不断受到平城京的官僧与贵族们的干预，这项旨在凝聚人心的理想主义工程被各种利益团体的现实考量所裹挟，变得越发复杂。

实际上，即便没有天灾干扰和政策变动，大佛营造工程也同样会遭遇重重阻碍。其中最大的难题是缺少足够的黄金。虽然在数百年后，日本列岛将以黄金之国而闻名于世，但在营造大佛之时，日本列岛却并未出产过黄金。因此，朝廷开始计划派遣使者去唐朝以筹集营造大佛所需的黄金。

进京礼佛的八幡大神

据《扶桑略记》所载，当朝廷派遣的使者即将出发赴唐之

---

① 参见《续日本纪》天平十七年五月相关记载。

八幡大神坐像

际，祭祀八幡大神的筑前国穗波郡①八幡宇佐宫传来八幡大神所降下的神谕。神谕内容为日本列岛自会出产黄金，无须前往大唐购买。就在八幡大神降下神谕没多久，陆奥国守百济敬福果然献上该国小田郡②所产黄金 900 两。为回报八幡大神降下的神谕，朝廷从陆奥国进贡的黄金中拨出 120 两送往八幡宇佐宫，作为奉给八幡大神的供品。③

实际上，这并非八幡大神第一次与大佛营造事业发生关联。

早在天平十九年（747 年），也就是大佛营造工程移至东大

---

① 今大分县宇佐市。

② 今宫城县远田郡涌谷町。

③ 中野幡能编：《宇佐神宫史·史料篇一》，宇佐神宫厅，1984 年，第 186 页。

寺的次年，朝廷曾派使者前往八幡宇佐宫，向八幡大神祈愿大佛营造顺利。而八幡大神也当即降下神谕，表示为镇护国家，将率众神祇成为营造大佛的知识。①

就在八幡大神降下神谕的次年（748年），祭祀八幡大神的祝部大神宅女与大神杜女被由从八位叙升至从五位下。②虽然官方史书《续日本纪》并未言及这次叙位的原因，但在《东大寺要录》与《八幡宇佐宫御托宣集》中，却有圣武天皇在这一年派使前往八幡宇佐宫，奉请八幡大神镇守东大寺，保佑大佛营造顺利的记载。而从五位这一位阶，是当时朝廷对几乎所有愿意作为知识加入营造大佛知识结的地方豪族所给予的回报。③因此有理由认为这次叙位很可能是对八幡大神加入营造大佛知识结所作的回报。

考虑到天平二十一年（749年）一月四日，陆奥国即传来发现黄金的吉报，并于次月向朝廷进贡黄金900两，④因此便可以倒推八幡大神降下神谕的时间点，很可能正是天平二十年朝廷遣使八幡宇佐宫向八幡大神祈愿之时。这一事件效果有二：一是八幡大神的神谕灵验性得到了证明；二是可以推动全社会

① 中野幡能编：《宇佐神宫史·史料篇一》，宇佐神宫厅，1984年，第496页。
② 《续日本纪》天平二十年年八月乙卯条。
③ 竹内理三：《竹内理三著作集1·奈良时代寺院经济史》，角川书店，1999年，第336—337页。
④ 《续日本纪》天平二十一年二月丁巳条。

崇佛的风气，减少建造寺院的阻力。

鉴于八幡大神如此"识时务"，朝廷的回报当然不会仅限于供奉黄金。就在陆奥国进贡黄金的当年，也就是天平胜宝元年①（749年）十一月，祭祀八幡大神的神官大神杜女与大神田麻吕便被赐姓朝臣。②同月，在八幡大神降下将要进京的神谕后，八幡宇佐宫的神官遂护送其神舆向平城京进发。③

次月，朝廷派遣紫微中台④次官（紫微大弼）石川年足（688—762年）率五位官人10人、散位官人20人及六卫府舍人120人，在平群郡⑤迎接八幡大神的神舆。⑥进京后不久，便在孝谦女帝（749—758年在位）、圣武太上天皇、光明子皇太

① 因孝谦天皇即位而改元。

② 《续日本纪》天平胜宝元年十一月辛卯朔条。

③ 《续日本纪》天平胜宝元年十一月己酉条。

④ 紫微中台的前身是藤原光明子皇后的家政机关皇后宫职。天平胜宝元年（749年）七月二日，圣武天皇让位于光明子皇后之女阿倍内亲王后，光明子皇太后以皇后宫职为基础设立紫微中台，使之成为与太政官并列的国政机构。天平胜宝九年五月二十日（天平宝字元年·757年6月11日），紫微中台长官紫微令改称紫微内相，不仅掌管本由太政官所掌握的兵权，甚至可以不经太政官·中务省直接实施敕诏。紫微中台实际上是皇室为对抗太政官系统而设立的内廷，后改称坤宫官。有趣的是，随着紫微内相藤原仲麻吕转任大保（由右大臣改称）成为乾政官（由太政官改称）首脑，其重要性日益低下，遂在天平宝字六年左右被废除。日后称德女帝在击败藤原仲麻吕重掌朝政后，模仿坤宫官所设立的内竖省，也在其首脑藤原百川统率太政官系统后被废除。

⑤ 今奈良县生驹郡。

⑥ 《续日本纪》天平胜宝元年十二月戊寅条。

后的陪同下，前往东大寺礼拜大佛。当日，不仅百官及诸氏族代表齐聚东大寺，朝廷还召集五千僧人诵经礼佛，堪称规模空前的盛会。八幡大神也在这场盛会中被朝廷授予一品高位，成为第一位获此高位的神灵。供奉八幡大神神舆进京的大神杜女再一次获得叙位，由从五位下升至从四位下。

可以说，没有任何一位神灵与大佛营造事业有着如此密切的关联，不仅频频降下至关重要的神谕，在大佛造成之日，还千里迢迢从九州进京礼拜。而朝廷对八幡大神也可谓尊崇备至，除多次派使前往八幡宇佐宫祈求八幡大神保佑大佛顺利营造，还屡屡提升大神杜女等神宫祝部的位阶，赐予朝臣姓。在八幡大神神舆进入东大寺时，还特准侍奉八幡大神的大神杜女乘坐只有皇室才有资格享有的紫色乘舆，并为八幡大神奉上只有皇亲才有资格享有的一品高位。

天平宝字二年（750 年），朝廷将八幡大神的封户加增至800 户，位田加增至 80 町。八幡宇佐宫同时祭祀的大神比卖分神的封户与位田则分别加增至 600 户与 60 町。也就是说，八幡宇佐宫被赐予的总封户数与总位田数分别达到 1400 户与140 町。①

————————————

① 比卖分神类似于关帝庙中的关平或周仓，专门提高比卖分神的封户与位田，相当于在赐予关帝庙金银财帛之外，专门提高关平或周仓的待遇，自然可以一并算入关帝庙的收成。

此时的八幡宇佐宫可谓荣华鼎盛，不仅封户凌驾于由皇女出任斋王的伊势神宫之上，其神谕甚至足以影响朝廷的人事任命。比如正五位的官人藤原乙麻吕（？—750年）仅仅因为八幡大神的神谕，竟被任命为从三位太宰帅。①

这位获得朝廷如此尊崇的八幡大神，究竟是何方神圣？

来历诡异的八幡大神

八幡大神，又称八幡大菩萨，作为镇护国家的武神而在日本列岛被广泛信仰。祭祀八幡大神的神社被称为八幡宫或八幡（神）社，其中宇佐神宫（即宇佐八幡宫）、石清水八幡宫②、筥崎宫③号称日本三大八幡宫。宇佐神宫乃日本全国八幡宫的总本宫。石清水八幡宫负责镇守位于京都西南的里鬼门。筥崎宫则因蒙古袭来时，龟山上皇（1249—1305年）在此处进行"敌国降服"的祈愿，而被视为守护日本海外交通与海外防卫的神社。此外，位于神奈川县镰仓市的鹤冈八幡宫本作为武家源氏与关东武士的守护神社而闻名关东地区，近年来随着关东地区经济的发展，鹤冈八幡宫取代筥崎宫被列为日本三大八幡宫

①　《续日本纪》天平胜宝二年冬十月丙辰朔条。

②　位于今京都府八幡市。

③　位于今福冈县福冈市。

之一。

在现代日本，八幡神社的数量高达 4 万社，远超拥有32000 社的稻荷神社[1]。而且祭祀武神的八幡神社的政治影响力，要远远高于祭祀商业神·农业神的稻荷神社。统领着日本全国近 8 万座神社的神社本厅，乃日本神道系规模最大的宗教法人，而实际统领神社本厅的历任事务总长中，出身八幡宫者接近半数，比如现任神社本厅事务总长田中恒清，便自 2001 年起一直担任石清水八幡宫的宫司。

无论从神社数量还是从政治影响力来看，八幡大神都堪称日本神道所祭祀的诸神中最受尊崇的一位，但其来历却充满了诡异气息。

据传钦明天皇三十二年（571 年），丰前国宇佐郡[2] 的一名三岁幼童被神灵凭依，并向来自大和国的巫者大神比义降下神谕，自称乃日本人皇第十六代誉田天皇广幡八幡磨（即应神天皇）。大神比义遂在八幡大神降下神谕之地建鹰居社以祭祀之。[3]这便是八幡大神的初次显灵。然而，这次显灵事件有着诸多疑点。

---

① 稻荷神社主要祀奉以宇迦之御魂大神为首的诸位稻荷神。稻荷神是农业与商业之神，主要保佑信者农作丰收、生意兴隆、交通安全，总本社为京都的伏见稻荷大社。

② 今大分县宇佐郡。

③ 中野幡能编：《宇佐神宫史·史料篇一》，宇佐神宫厅，1984 年，第 48 页。

作为第一位能够被确认实际存在过的天皇，应神天皇活跃于公元 4 世纪中后期，何以大神比义会在近两百年后，千里迢迢从大和来到丰前祭祀这位天皇？虽然历代天皇都自称天照大神的后裔，但是在应神天皇作为八幡大神被祭祀之前，还没有任何一位天皇被作为神灵祭祀过。为何应神天皇能开此先例？要解答这些谜团，就需要从应神天皇充满争议的身世说起。

应神天皇乃仲哀天皇的遗腹子，故又被称为胎中天皇。仲哀天皇在出兵平定九州熊袭叛乱之时，有神灵凭依于神功皇后，降下应当先征讨新罗的神谕。仲哀天皇质疑神谕，当夜便因神灵作祟而暴毙。神功皇后此时虽已怀有身孕，但为了不违背神谕，遂带孕出兵，征讨新罗。在大胜归来的途中，产下仲哀天皇的遗腹子誉田别尊，这便是日后的应神天皇。

以上为朝廷所编撰的正史《日本书纪》中关于应神天皇身世的记载。但在住吉大社①以及祭祀八幡大神的宇佐神宫和筥崎宫所藏史料中，却有应神天皇的生父很可能并非仲哀天皇的说法。

成书于 8 世纪前期的《住吉大社神代记》记载：仲哀天皇暴毙当晚，神功皇后一边哀叹天皇因不遵从大神降下的神谕而

———————————

① 位于今大阪府大阪市住吉区。

招来杀身之祸，一边与住吉大神 ① 私通。《宇佐託宣集》的说法也与之类似。延喜二十一年（921年）六月一日的筥崎宫神谕则更直白地宣称：应神天皇的亲生父亲是住吉大神。②

住吉大神最初是连姓氏族阿昙氏所祭祀的祖神。阿昙氏乃以筑前国糟屋郡阿昙乡 ③ 为据点的海人氏族。他们因为向大和朝廷进贡海产和提供航海技术，而被编入海部，故被称为海人氏族。

据说神功皇后出兵朝鲜半岛时，阿昙氏的阿昙矶良曾向女帝献上可以影响潮水涨落的潮盈珠与潮乾珠，从而保证大军渡海成功。在应神天皇年间，阿昙氏因平定各地海人氏族的叛乱，而被朝廷授予统辖所有海人氏族之权。

借由以上信息，我们可以对神话背后的历史稍作猜测。

4世纪初期，大和王权的势力扩张到九州北部时 ④，遭到被称为熊袭的九州原住民的激烈抵抗。景行天皇派遣皇子小碓尊——大名鼎鼎的日本武尊对熊袭进行了镇压。但到了小碓尊的儿子仲哀天皇在位时，熊袭人再度起兵反抗大和王权的统治。

① 住吉大神是指底筒男命、中筒男命、上筒男命三位大神，在《古事记》中又称为墨江三大神。据说他们是伊邪那歧被除在黄泉国沾染的污秽时，自海中出现的三位神灵。它们通常一起行动，被统称为住吉大神，作为保佑航海的海神而被崇拜。
② 田中卓：《住吉大社神代记的研究》，国书刊行会，1984年，第79页。
③ 今福冈县糟屋郡与福冈市东区。
④ 井上光贞：《日本古代王权与祭祀》，东京大学出版会，1984年，第222页。

仲哀天皇御驾亲征至九
州北方。这里刚好活跃着一
些依靠航海与捕鱼等海洋活
动为生的海人氏族。而祭祀
住吉大神的阿昙氏，正是其
中的佼佼者。

跟同时期的维京人一样，
这些海人氏族所从事的海洋活
动，可能包括对朝鲜半岛（主
要是新罗）进行劫掠的海盗活
动。在这一时期，日本和朝
鲜半岛新罗的关系也存在着冲

神功皇后像

突。日本和百济联手，一度占领了新罗全境，新罗在高句丽的
支持下才得以复国。为了应对日本的威胁，新罗选择"围魏救
赵"，熊袭人的反叛，背后就有新罗的推波助澜。天皇和海人氏
族有共同的敌人，这为合作提供了可能性。而有着渡来人背景的
神功皇后，无疑是仲哀天皇与海人氏族交涉的最佳代理人。[①]

但交涉进行得并不顺利，海人氏族反而要求天皇先出兵支

---

① 神功皇后的母系先祖据传乃垂仁天皇时渡来的新罗王子天日矛，而统治北九州
伊都地区的伊都县主，恰好也是来自新罗的渡来人氏族。参见田中卓：《古代的住
吉大社》，国书刊行会，2012 年，第 161—162 页。

援其对朝鲜半岛的新罗进行劫掠，之后才愿意帮助天皇镇压熊袭。所以才会有住吉大神凭依神功皇后，降下先出兵征伐新罗的神谕。[①]

或许仲哀天皇拒绝接受海人氏族提出的交换条件，甚至还因此与海人氏族发生冲突，招来杀身之祸。不过《日本书纪》还记载了另一种可能，即在征讨熊袭时中箭身亡。无论哪一种可能，仲哀天皇之死，都与其没有接受海人氏族所提出的条件有关。故此，神功皇后才会哀叹天皇不遵从神言。

然而神功皇后在接替仲哀天皇临朝称制后，并未马上率军征讨新罗，而是派遣吉备臣祖鸭别进攻熊袭。面对神功皇后所派出的征讨军，曾经激烈抵抗大和王权的熊袭，竟然不战而降。[②]

对此最合理的解释，便是神功皇后获得了海人氏族的支持，实力大增，熊袭自知不敌，放弃了抵抗。虽然《日本书纪》没有记载神功皇后与熊袭的战争中是否有海人氏族登场，但在随后神功皇后征讨新罗的战争中，《日本书纪》明确载有住吉大神

---

① 《日本书纪》仲哀天皇八年秋九月乙亥朔己卯所收录的神谕全文为："天皇何忧熊袭之不服？是膂宍之空国也，岂足举兵伐乎？愈兹国而有宝国，譬如处女之睐，有向津国。眼炎之金、银、彩色，多在其国。是谓栲衾新罗国焉。若能祭吾者，则曾不血刃，其国必自服矣，复熊袭为服。其祭之，以天皇之御船及穴门直践立所献之水田名大田，是等物为币也。"文中非常明确地提到征讨新罗的目的，就是劫掠金银财宝。

② 《日本书纪》仲哀天皇九年春三月壬申朔条。

为神功皇后当向导的内容。^①这些记载表明海人氏族在神功皇后征讨新罗的过程中发挥了相当重要的作用。换个思路来理解，诸如住吉大神为神功皇后当向导、阿昙矶良献上影响潮水涨落的宝珠等神话故事，其实是在言说掌握航海技术的海人氏族向大和王权提供专业技术服务的历史。

神功皇后为何能获得海人氏族的支持？应该是她做出了同意征讨新罗的承诺。这也就能解释神功皇后在击败熊袭后便立刻出兵新罗，甚至不惜为此推迟仲哀天皇的葬礼。^②但问题在于皇后的承诺为何能获得海人氏族的信任。因为根据住吉大神最初所降下的神谕，海人氏族提出的出兵条件是天皇先征讨新罗。而神功皇后即位后^③，虽然第一时间便祭祀住吉大神，却并未先

① 《日本书纪》仲哀天皇九年冬十月己亥朔辛丑条。

② 《日本书纪》仲哀天皇八年：是年，由新罗役，以不得葬天皇也。

③ 这里之所以认为是神功皇后而非应神天皇继承了皇位，理由有三：首先，《日本书纪》的编撰者将神功皇后的事迹单独著卷。而根据《日本书纪》所效仿的中国纪传体史书体例，唯有帝王才有资格著作本纪。唯一的例外是《史记》中为吕后而非惠帝著作本纪，这是因为司马迁认为吕后才是实际主政者。但《日本书纪》的情况却是为神功皇后与应神天皇分别著作本纪。而且虽然在《日本书纪》中将神功皇后的统治称为摄政，但却明确记载神功皇后去世后应神天皇才即位。其次，《筑前国风土记》明确将神功皇后称为天皇，在《八幡宇佐宫缘起文》中，应神天皇凭依孩童所降下的神谕也自称是第十六代天皇，这意味着神功皇后才是真正的第十五代天皇。最后，在摄关政治出现前，为避免幼帝临朝的局面，一般会由皇储的母亲或年长的女性亲属先登基称制。比如庆云四年（707 年），文武天皇驾崩后，由于皇储首皇子（即圣武天皇）年幼，故先后由母亲元明天皇与其姐元正天皇先后临朝称制。在这种情况下，神功皇后没有登基反而让人奇怪。

征讨新罗，反而是在征服熊袭之后，才出兵新罗。也就是说，海人氏族在与神功皇后交涉的过程中作出了极大让步，同意先支持皇后征讨熊袭。

但蹊跷之处在于，此时的神功皇后处于相对弱势的一方，她比海人氏族更迫切地需要达成协议，虽然皇后通过秘不发丧稳定了军心，甚至还获得物部、大伴等随军出征的氏族首领的支持，但如果皇后不能改变征讨军在仲哀天皇死后面临的险恶处境，则不仅有进退失据、兵败身死的危险，甚至氏族首领们对她的支持能否继续维持都颇有疑问。因此，能否与海人氏族达成协议，对神功皇后而言可谓生死攸关。但海人氏族却没有这么多的顾虑，即便交涉失败，也不过损失掉一个潜在的有力盟友而已。就此而言，海人氏族无疑是这场交涉中占据优势的一方。但结果却是在谈判中占据优势的海人氏族选择了让步，神功皇后究竟是如何做到的？

遗憾的是，与所有官修史书一样，记纪也无法为我们提供足够的信息以了解实情。虽然其中记载了神功皇后在对住吉大神进行祭祀之后，获得了住吉大神（也就是祭祀住吉大神的海人氏族）的支持的内容，但是在祭政一致的古代日本，对神灵的祭祀是确认建立从属关系的仪式，而非建立从属关系的原因，无论这场祭祀如何隆重。

私人所编修的乡野之史虽然没有国家公权力来保证可信度，

但其中往往蕴藏着官修史书所刻意隐藏的信息。《住吉大社神代记》中关于神功皇后与住吉大社私通的记载，因其怪异离奇的内容，而被不少深受儒学影响的史家视为驾神托仙的小说故事。我们一再强调，神话乃是对历史的言说，其中必然包含着真实的信息。神功皇后与住吉大神私通这种人神婚配的传说并不罕见。比如，人类女子阿尔克墨涅与神王宙斯私通产下大名鼎鼎的希腊英雄赫拉克勒斯；罗马城的建立者罗慕路斯兄弟，则是战神马尔斯与人类女子雷亚·西尔维亚私通所生；在日本的官修史书记纪中，神武天皇在征服大和后所迎娶的皇后媛蹈韛五十铃媛，也是豪族之女玉栉姬与大物主神（《日本书纪》中为事代主神）所生。实际上，在人与神的界限尚未分明的古代社会，统治者会通过人神婚配的传说为自身赋予神性，或是将家族的谱系与天神搭上关系，以此塑造统治合法性。据此，我们推测神功皇后很可能是通过与海人氏族祭祀的住吉大神举行神婚的方式，来赢得海人氏族的支持。至于应神天皇究竟是仲哀天皇的遗腹子，还是神功皇后在与住吉大神神婚的过程中，与某个海人氏族首领所生，恐怕永远也难以弄清。但正如马其顿的亚历山大三世（前356—前323年在位）通过宣称自己是阿蒙神之子来赢得埃及人的忠诚一样，神功皇后与应神天皇母子很可能也曾试图通过宣称应神天皇乃住吉大神之子，来赢得信奉住吉大神的海人氏族的支持。

那么，应神天皇的身世之谜与大神比义将天皇作为八幡大神祭祀之间，又有何等关联呢？这就涉及了钦明天皇在位时（539—571 年）东亚国际秩序所发生的剧变。

公元 541 年，为与日益强大的新罗对抗，百济向盟友大和朝廷请求援军。虽然钦明天皇于 547 年之后向百济提供了援军和武器，但百济国王圣王（523—554 年在位）却于 554 年被新罗设伏击杀，百济至此一蹶不振，大和王权在朝鲜半岛的势力也受到冲击，甚至连其在朝鲜半岛的据点任那也于 562 年被新罗夺取。[①]大和朝廷虽然立刻派遣大军试图夺回任那，最终却无功而返。自此以后，任那便成为钦明天皇的心病，临终前还对夺回任那念念不忘。[②]

而大神比义根据八幡大神降下的神谕，建立神社祭祀八幡大神的时间，恰好是钦明天皇驾崩的 571 年。不过根据八幡宇佐宫的神主大神清麿于弘仁六年（815 年）提交的解状，大神比义建立神社的时间为 568 年。[③]但无论哪一年，都发生在大和朝廷夺回任那失败之后。

如前所述，神功皇后通过与住吉大神的神婚，赢得了北九州海人氏族的支持，并与其联手将大和朝廷的势力扩张到朝鲜

---

① 《日本书纪》钦明天皇二十三年春正月条。

② 《日本书纪》钦明天皇三十二年夏四月戊寅朔壬辰条。

③ 中野幡能：《八幡信仰史的研究》（上），吉川弘文馆，1981 年，第 138 页。

半岛。百济也恰在这一时期，与大和朝廷建立了外交关系。^①任那极有可能是大和朝廷在这一时期与海人氏族联手在朝鲜半岛建立的据点。那么，任那的丢失不仅意味着大和朝廷失去了在朝鲜半岛的据点，更可能动摇以海人氏族为代表的北九州豪族对大和朝廷的忠诚。在这种情况下，无论是重新夺回任那，还是强化北九州豪族的忠诚，大和朝廷都不得不有所作为。

大神比义正是在这么一个微妙的时间点，从大和来到北九州，建立了祭祀八幡大神的神社。的确，在住吉大神信仰广泛存在的北九州，没有什么比祭祀一位带有住吉大神神性的神之子，更能强化当地豪族对大和朝廷的忠诚，并唤醒这些豪族的先祖当年跟随神功皇后征讨新罗的历史记忆。

这虽然只是笔者的臆测，但也并非没有根据。在天平九年（737 年）日本与新罗出现外交纠纷之时，朝廷采取了向伊势神宫、大神神社，九州的住吉神社、八幡宇佐宫、香椎宫进献供品，向神灵上告新罗无礼的对策。^②在这些神社中，香椎宫祭祀的是征讨新罗的当事者神功皇后，伊势神宫与住吉神社祭祀的天照大神与住吉大神都曾在神功皇后征讨新罗时降下神谕。大神神社祭祀的大物主神，则保佑了神功皇后能够成功集结起足够的兵力征讨新罗。而八幡宇佐宫祭祀的八幡大神之本体——

① 田中卓：《古代的住吉大社》，国书刊行会，2012 年，第 169—170 页。
② 《续日本纪》天平九年夏四月乙巳朔条。

应神天皇是在神功皇后征讨新罗之后才降世，且在位期间也未对新罗用兵。朝廷却与对待其他曾对新罗用兵的神灵一样，也向其奉告新罗无礼，这表明至少在朝廷看来，八幡宇佐宫的存在本身，便与征讨新罗有着密切联系。

或许是由于八幡信仰形成的背后有着如此强烈的政治色彩，再加上大神比义在北九州地区建立八幡信仰之时，刚好是佛教传入之初，八幡大神自一开始，便呈现出与其他日本列岛诸神截然不同的性格特征。

八幡大神与佛国之梦

一般而言，日本列岛的神灵大多有着强烈的地域色彩，其祭祀者也往往是特定的地方豪族。比如号称万物之主的大物主神，最初只是三轮山一带的豪族所祭祀的地方神祇。即便是在大和王权出于整合大和地方豪族的政治需要，将大物主神升格为王权的守护神后，大物主神的祭祀权依旧掌握在地方豪族三轮氏手中。

但八幡大神却是其中的另类。北九州地方在大神比义到来之前，便存在以比咩神为代表的诸多海神信仰，但这些信仰自一开始便与以应神天皇灵为本体的八幡大神严格区别开来，来自大和地方的大神一族自始至终牢牢掌握着对八幡大神的祭祀权。^①这也就造成八幡大神自诞生之始便没有多少本土化色彩。

关于八幡大神的这一特点，比较合理的解释是受到佛教的影响。八幡信仰产生的时间点，刚好是佛教传入的时期，作为普世宗教的佛教与日本列岛本土信仰融合产生了八幡信仰，所以八幡大神才会成为一位超越地域性的神灵。^②

虽然不清楚佛教与日本列岛本土信仰融合生成八幡信仰的具体过程，但祭祀八幡大神的八幡宇佐宫确实是官修史书记载中最早建立神宫寺^③的神社。更值得注意的是，八幡宇佐宫神宫寺的建立或许与奈良朝廷有着千丝万缕的关系。

据《八幡宇佐宫弥勒寺建立缘起》记载，天平九年（737年）四月七日，八幡大神降下希望以弥勒为导师皈依佛门的神谕。神官们遂根据神谕，于五月十五日在神宫西部区域建成足禅院，也就是日后的弥勒寺。^④这个时间点，恰好与朝廷派使前往八幡宇佐宫向八幡大神奉告新罗无礼的时间相吻合。

天平十三年三月，朝廷向八幡宇佐宫供奉锦冠与佛经，并许十人剃度为僧，又下令在神社中营造三重塔一座。^⑤恰好也是

① 中野幡能：《八幡信仰史的研究》（上），吉川弘文馆，1981 年，第 93—102 页。
② 西乡信纲：《神话与国家》，平凡社，1977 年，第 81—85 页。
③ 所谓神宫寺，是指作为神社附属设施而建立的寺院与佛塔，又被称为别当寺、神护寺、神愿寺、神供寺、神宫院、神院等。
④ 中野幡能编：《宇佐神宫史·史料篇一》，宇佐神宫厅，1984 年，第 168 页。
⑤ 《续日本纪》天平十三年闰三月甲戌条。

在当月，朝廷颁布了在诸国设立国分寺的诏书。①

所谓国分寺，是朝廷为镇护国家，下诏在各令制国建立的官寺。在上一章中，我们曾提及朝廷试图通过营造大佛来凝聚人心以强化统治合法性。实际上，营造大佛只是朝廷创设新的国家祭祀体系的一个重要组成部分。

营造国分寺代表着日本的一种政治风向，天皇在水泼不进的日本列岛政治传统之外，将佛教作为一种变数引入，试图以佛教为中心构筑新的国家祭祀体系。在诸令制国建立国分寺，就是为建立新国家祭祀体系而施行的国家工程。而位于京师的中央国分寺必然需要可以彰显王朝威仪的恢宏建筑与之匹配，所以才会有营造大佛计划的出炉。

朝廷在颁布设立国分寺诏书的当月，便向八幡宇佐宫供奉佛经并下令建造三重佛塔。在中央国分寺东大寺营造大佛之时，朝廷曾多次遣使祈求八幡大神的保佑。八幡大神也屡屡降下神谕，表示会保证大佛顺利营造，最后甚至不惜亲自进京礼拜大佛……这一系列事件当然不可能是单纯的巧合，其中必然存在现实的政治逻辑。

在朝廷颁发的迎接八幡大神参拜东大寺的诏书中，圣武天皇提及当年巡幸河内国大县郡知识寺时便萌生营造大佛的想法，

---

① 《续日本纪》天平十三年闰三月乙巳条。

但唯恐难以成事，幸得八幡大神降下神谕，并率诸天神地祇相助，大佛营造才得以顺利完工。①要知道，在朝廷所颁发的营造大佛诏书中，圣武天皇可是宣称凭借自己无人可比的权势与财富，营造大佛乃轻而易举之事，在这里却担心营造大佛难以成事，岂非自相矛盾？特别是从朝廷屡次千里迢迢地派使到位于北九州的八幡宇佐宫祈求保佑大佛营造，并且以隆重仪式迎接八幡大神前往东大寺的记录来看，诏书中所言的唯恐难以成事，绝非单纯的客气话。

实际上，无论是各令制国国分寺的设立，还是大佛营造，都并非一帆风顺。

天平十九年（747 年），朝廷颁布诏书，指责诸国国司怠慢国分寺营造，并派遣官员巡查诸国，督促设立国分寺，并限期三年完工。②在营造国分寺的诏书颁布六年之后，竟然还需要朝廷派遣官员督促国分寺的营造，足见朝廷的旨意在地方遭到何等强烈的抵制。

中央国分寺的设立也充满坎坷。天平十八年十月，圣武天皇与光明子皇后巡幸金钟寺（即东大寺）并燃灯供奉正在营造的佛像，而这些供奉在佛像前后的佛灯竟然损坏了一万五千七百余盏。天皇不得不命令数千僧人点燃蜡烛代替，直到半夜才

---

① 《续日本纪》天平胜宝元年十二月丁亥条。

② 《续日本纪》天平十九年十一月己卯条。

离开返宫。① 如此重大的事件的原因,《续日本纪》与《东大寺要录》中竟然未留下只言片语,不得不让人怀疑这并非偶然事件,而是有人故意为之。

佛灯损坏事件发生后,朝廷于天平十九年（747 年）四月将大神神社的神主大神伊可保与大和神社的神主大倭水守分别由从六位上与正六位上叙升至从五位下。② 同年,朝廷遣使八幡宇佐宫向八幡大神祈祷大佛营造顺利。

主持大神神社的大神氏是专门祭祀大物主神的祭祀氏族。在北九州开创八幡信仰的大神比义,一般认为出自大神氏高宫家。因此,主持八幡宇佐宫祭祀的北九州大神氏,是大和地区祭祀氏族大神氏的分家。朝廷在叙升大神神社的神主大神伊可保位阶之后,便派使前往大神氏分家所主持的八幡宇佐宫祈祷大佛营造顺利,可真是一个耐人寻味的"巧合"。

我们是否可以推测,朝廷以佛教为中心建立新国家祭祀体系的企图,在推行的过程中遭到祭祀本土神祇势力的抵制？所以地方国分寺建设缓慢,甚至连中央国分寺的地标建筑大佛像周围的佛灯也遭到大规模破坏。朝廷在佛灯破坏事件发生后对大神神社的神主大神氏进行叙位,是否是朝廷安抚本土祭祀势力的一种尝试？毕竟,大神氏所祭祀的大物主神,在近畿地区

---

① 《续日本纪》天平十八年冬十月甲寅条。
② 《续日本纪》天平十九年夏四月丁卯条。

有着极其广泛的信仰基础，其神威早在崇神天皇时代便已天下皆知。如果能够获得大物主神的支持，那必然会为大佛的营造提供极为有利的舆论环境。然而，大神氏对公开支持大佛营造事业顾虑重重。毕竟，支持一位外来的"蕃神"，极有可能会使大物主神在信徒心目中的形象遭受严重损害。尽管这种举措毋庸置疑会带来丰厚的政治利益，但有着稳固信仰基础的大物主神也不会愿意成为第一个吃螃蟹的神灵。

但远在北九州祭祀八幡大神的大神氏就没有那么多的顾忌了。虽然说是出自祭祀大物主神的名门氏族，在北九州地区开创八幡信仰也已有近两百年，但一直到天平九年（737 年）朝廷遣使奉告与新罗的外交纠纷，八幡宇佐宫从未见诸史册，更谈不上如大和的本家那样，获得被朝廷亲自委任祭祀大物主神特权的殊荣。因此，北九州大神氏强烈希望通过获得朝廷的承认来提升地位。更为幸运的是，北九州大神所祭祀的八幡大神虽然没有悠久的历史和广泛的信仰基础，但对朝廷而言，却是一位比大物主神更好的合作对象。

首先，与大物主信仰不同，八幡信仰是佛教与列岛本土信仰融合的产物，在天平九年还建成日本第一座见诸史册的神宫寺。这样一位带有佛教色彩的神灵支持大佛营造工程，自然也是顺理成章。

其次，八幡大神虽然具有佛教色彩，但其父系却可以追溯到住吉大神，北九州大神氏又是大名鼎鼎的大和大神氏的分家。这一切使八幡大神能够同时获得住吉大神与大物主神神威的加持。

如此一位既带有佛教色彩，又有着本土祭祀集团背景的神灵，自然是调和神佛之争的绝佳选择。但是相较于这些，朝廷最为看重的，或许是八幡大神乃第一位由天皇灵化身而成的现人神。

所谓现人神，简单来说就是化身为人类的神灵。在记纪中，除少数例外，现人神一般被用作天皇的代称。比如日本武尊曾自称现人神之子。记纪虽以现人神来称呼天皇，但将其作为真正意义上的神灵进行崇拜的，由应神天皇灵所化身而成的八幡大神可能是第一位。[1]这种以天皇灵作为本体的特性，无疑使朝廷觉得大有文章可做。

在八幡大神所降下的神谕中，曾宣称愿意率天神地祇保佑大佛顺利营造。这句话非常奇怪。因为在当时日本人的信仰体系中，崇山峻岭与夜晚被视为神灵所支配的领域，天皇的权威无法进行干预。[2]天皇虽被视为现人神，却无法将真正的神灵置于权力支配之下。比如在神功皇后征讨新罗的记载中，天神地

---

① 高桥美由纪:《神道思想史研究》，ぺりかん社，2013 年，第 103 页。

② 大津透编:《讲谈社日本的历史 8·思考古代天皇制》，讲谈社，2001 年，第 104—108 页。

祇也只是出手相助，而非成为神功皇后的臣属。八幡大神的这番表态，从其本体应神天皇的角度来看，则意味着作为现人神的天皇，可以将神祇们纳入其支配之下。

这种认为天皇有权支配诸神的观念，并不仅仅体现在八幡大神所降下的神谕中。在上一章中，我们曾提及一言主大神与雄略天皇分庭抗礼的故事。在《日本书纪》中，这则故事其实有两个版本，一个是雄略天皇向一言主大神屈服后仓皇离去，另一个则是雄略天皇与一言主相谈甚欢，共同狩猎。但是在后出的《续日本纪》中，却变成一言主大神因为触怒雄略天皇而被流放。①《续日本纪》中一言主大神结局的变化，无疑暗示出皇权试图侵蚀诸神领域的图谋。

虽然很难说清楚这一观念转变的过程，但仅从八幡大神所降下的神谕中，我们依然不难察知朝廷在试图利用八幡信仰调和佛教与本土信仰之时，也在尝试将诸神纳入皇权支配之下——这正是朝廷试图建立新国家祭祀体系的关键所在。

但天皇无法像中国皇帝那样采用雷霆手段推广佛教，天皇自身的角色也注定不能和过去的传统痛快切割。因此，天皇在推行新的祭祀体系的时候，主要课题就是如何调和外来的佛教与本土固有的信仰体系。

_____

① 《续日本纪》天平宝字八年十一月庚子条。

二 渴望投身佛门的众神

在伊势国桑名郡①有一座被称为多度山的大山。多度山的山神自古以来便被视为能带来农业丰收的神灵，深受伊势、美浓②、尾张③等地民众的崇拜，被人们满怀敬意地称为多度大神。

天平宝字七年（763年），多度大神降下了一道不可思议的神谕。在神谕中，多度大神竟然表示自己因罪孽深重而受堕入神道之报，希望能够皈依三宝，以摆脱神灵身份。④

实际上，在多度大神降下神谕的前后，常陆国鹿岛神宫⑤的鹿岛大神、山城国贺茂神社⑥的贺茂大神、若狭国若狭彦神社⑦的若狭大神等也纷纷降下神谕，希望能够皈依佛门，脱离苦海。

要知道，起初天皇扶植佛教，最大的难题就是如何调和其与本土信仰之间的关系。为何自8世纪后期以来，日本列岛的诸神纷纷希望能够皈依佛门，从作为神灵的苦恼中摆脱出来呢？其中有着极其复杂的政治逻辑。

----

① 今三重县桑名市。

② 今岐阜县。

③ 今爱知县。

④ 多度神社编：《神宫寺伽蓝缘起并资财账本》，多度神社，1937年，第5页。

⑤ 位于今茨城县鹿岛市。

⑥ 位于今京都市南部。

⑦ 位于今福井县小滨市。

倾听神灵诉求的山野游僧

令人丝毫不感到意外的是，自 8 世纪后期以来所发生的一系列诸神渴望皈依三宝的怪异事件中，最早意识到诸神投身佛门的心愿，并予以积极回应的，多为没有获得朝廷正式认可的私度僧。

比如听取若狭大神心愿，并为其建造菩萨像与佛堂的，是一位长期在山林中修行的僧人；而在梦中接到奥津岛大神的神谕，为其建造神宫寺的，则是一位名叫贤和的游方僧人；引导贺茂大神一心向佛，并在贺茂神社内修建神宫寺的僧人甚至连名字也未曾留下。

在这些引导本土诸神皈依佛门的僧人中，最具代表性的当数多度神宫寺的建立者满愿。

据传，多度大神降下渴望皈依佛门的神谕之时，满愿刚好在附近建立道场宣传佛教。当他听到大神所降下的神谕之后，马上在大神所镇守的多度山开辟出一块空地，在那里建起一座佛堂，并为大神塑造了一尊菩萨像，供奉在佛堂中。这座供奉大神菩萨像的佛堂，便是日后的多度神宫寺。[①] 除了多度神宫寺，鹿岛大社的神宫寺也是满愿所开创的。

---

① 多度神社编:《神宫寺伽蓝缘起并资财账本》，多度神社，1937 年，第 5—6 页。

不难看出，当时有如此之多的神灵降下渴望成佛的神谕，与这些游历诸国、宣传佛教的私度僧不无关系。为何他们会在这一时期，游历诸国，积极听取诸神渴望出家脱离苦海的心愿呢？

这与朝廷对私度僧政策的转变有直接关系。役小角时代对私度僧的严酷镇压政策，随着行基教团被朝廷认可，终于名存实亡。行基以一介山野游僧之身，不仅受到豪族和民众的支持，还获得朝廷的推崇，被册封为大僧正的事迹，让山野游僧们意识到通过在地方传教与建立寺院所可能获取的丰厚回报。或许没有多少僧人抱有当上大僧正的野心，但如果他们所开创的寺院能够获得朝廷的认可，那便极有可能摆脱私度僧的身份，成为被朝廷正式承认的官僧。

其实，这种先在地方开创寺院，再借由朝廷认可获得编制的做法，至少在天平年间（725—749 年）便已见端倪。前文所提及的八幡宇佐宫的神宫寺，修建于天平九年（737 年）。没有任何史料表明此时的八幡宇佐宫神宫寺获得了朝廷的正式认可。天平十三年，朝廷颁布设立国分寺的诏书后，遣使向八幡宇佐宫供奉佛经与营造三重塔，并赐许十人出家为僧，这很可能才是朝廷对八幡宇佐宫私下建立的神宫寺的正式认可。而所谓的赐许十人出家为僧，则是给予当时神宫寺内的私度僧以官僧编制的举措。

当然，像八幡宇佐宫神宫寺这样能够迅速抓住政治风口的神社毕竟是少数，大部分由私度僧所建立的神宫寺，往往要耗费十年以上的时间才能得偿所愿。

比如，多度大社的神宫寺建立于天平宝字七年（763年），直到宝龟十一年（780年），朝廷才赐四人剃度，并派遣大僧都贤璟在神宫寺营造三重塔。[①]贺茂神社神宫寺的建立过程虽然没有多度大社神宫寺这样明晰，但也耗费了十多年的光阴。

归根结底，成为朝廷所认可的官僧，不仅意味着可以免除赋税，更可以获得诸如赐予仆役名额等诸多特权。受到朝廷正式认可的寺院，一般还会被赐予封户与位田。既然纳入朝廷的编制可以带来如此多的好处，朝廷自然会对编制名额予以严格把控，因此，在建立寺院并获得朝廷承认之前，如何获得当地豪族的支持，便成为私度僧需要面对的首要问题。

游走于神佛之间的地方豪族

颇为顺遂的是，神宫寺的建造与维持，自一开始就获得了地方豪族的大力支持。

以多度大社神宫寺为例，当满愿听取多度大神渴望皈依的

---

① 多度神社编：《神宫寺伽蓝缘起并资财账本》，多度神社，1937年，第6页。

愿望，并为此建立供奉多度大神菩萨像的佛堂之后，伊势国桑名郡的下级官人水取月足便向多度大社神宫寺施舍铜钟一座，并建造了悬挂铜钟的钟台。另一位居住在多度山附近的美浓国官人近士县主新麻吕则着手建造三重塔。①

当时日本的地方官人除朝廷所派遣的国司外，多由当地豪族充任。也就是说，无论是水取月足还是近士县主新麻吕，都是生活在多度山附近的地方豪族。而且他们作为地方的统治者，往往同时也承担着祭祀当地神灵的职责。这些人不仅没有怀疑多度大神渴望皈依佛门的神谕，还在神谕发出的第一时间向神宫寺进行布施，支持神宫寺的建立，这恐怕意味着多度大神通过神谕表达愿望，实际是这些豪族意志的体现，他们很可能是神灵降下神谕渴望皈依佛门的幕后推手。

由地方豪族幕后推动建立的神宫寺并非仅有多度神宫寺。鹿岛大神的神宫寺也是由鹿岛郡②大领中臣千德拉拢鹿岛神宫的宫司一起鼓动满愿开创的。若狭国若狭彦大神的神宫寺，则是由主持祭祀大神的当地豪族和赤麻吕在获得神谕后，亲自遁入佛门所开创。③

为何这一时期日本各地的豪族会如此积极地推动所祭祀的

---

① 多度神社编：《神宫寺伽蓝缘起并资财账本》，多度神社，1937 年，第 6 页。
② 今茨城县锋田市。
③ 义江彰夫：《神佛习合》，岩波书店，1996 年。

神灵皈依佛门，营造神宫寺？

如第三章所述，自大化改新引入隋唐制度以来，为与律令制的建立相匹配，朝廷一方面通过设立受太政官支配的神祇官系统，将原有的祭祀体系编入律令体制内；另一方面则引入佛教，试图借助佛教教团的咒术来强化中央朝廷的权威。到圣武天皇与光明子皇后统治时期，朝廷开始进一步强化佛教镇护国家的权能，不仅尝试以佛教为中心建构新的国家祭祀体系，而且将权力的触手伸向地方，试图借由在诸令制国设立国分寺，来统合地方的祭祀体系。[①] 这里尤其值得注意的，是朝廷于天平十九年（747 年）所颁布的一份诏书。

在这份催促诸令制国建立国分寺的诏书中，朝廷虽然斥责了诸国国司对营造国分寺的怠慢，却并未指责实际负责地方政务的诸国郡司。不仅如此，朝廷还言辞恳切地要求郡司们积极参与国分寺营造，并承诺如果郡司们所营造的国分寺顺利完工，必将保证其子孙对郡司职的世代承袭。[②] 不难看出，朝廷深知没有具体负责地方政务的郡司阶层的支持，国分寺的营造根本无法推进，所以才会通过保证其子孙郡司职承袭权的方式，来劝

---

① 二叶宪香编：《续 国家与佛教》，永田文昌堂，1981 年，第 122—125 页。
② 《续日本纪》天平十九年十一月己卯条。

诱其加入朝廷所主导的国分寺营造工程。①

那些充任郡司职的地方有力豪族，无疑从这份诏书中察觉到朝廷试图统合地方祭祀体系的意图，并意识到其中所蕴含的巨大政治利益。除了朝廷所许诺的郡司职继承权，更重要的是可以如朝廷一样，借助佛教来强化自身的政治权威。虽然每个令制国只能建两座国分寺，而且由朝廷直接掌控，地方豪族很难直接从中获取政治利益，但如果自己营造寺院，并获得朝廷的承认，那就能够借此改造地方的祭祀体系，从而进一步增强自身的政治权威，所以才有如此多的郡司支持甚至操纵营造寺院的事例。

不过，虽然郡司们有足够的政治动机推动诸神皈依佛门，但如果没有主持地方神社的祝部合作，事情恐怕也不会如此顺利。实际上，地方的祝部也确实在推动诸神皈依佛门的事件中发挥了至关重要的作用。比如若狭彦大神皈依的过程中，发挥决定性作用的并非郡司，而是祭祀若狭彦大神的神官；鹿岛大

① 这道诏书在很大程度上真实地反映了当时的政治生态。虽然地方豪族臣属于中央朝廷，但如果没有地方豪族的合作，中央朝廷几乎难以在地方推行任何政策。比如对于营造国分寺这样关系国本的重大国家工程，很难想象朝廷派遣的国司会玩忽职守，之所以困难重重，更大的可能是得不到地方豪族的支持。而面对地方豪族的抵制，朝廷不但没有如中国皇帝一样强行镇压，反而以让子孙承袭郡司职为条件来争取充任郡司的地方有力豪族的支持。从这份中央朝廷与地方豪族讨价还价的诏书中，似乎已经可以看到日后支撑镰仓幕府的御恩与奉公这一誓约关系的端倪。

神的皈依虽然是鹿岛郡大领所推动，但鹿岛神宫宫司的合作亦不可或缺。

为何这些祭祀本地神灵的祝部会选择接受佛教，甚至亲自在神社中营造神宫寺？

这恐怕与日本列岛的本土祭祀集团尚处于比较原始的阶段有关。我们知道，在大多数文明发展的过程中，宗教祭祀与世俗政治会逐步分离，从而产生独立的专业祭祀集团。但是在日本，宗教祭祀与世俗政治长期未能分离，所以直到佛教传入以前，日本列岛实际上并不存在如基督教、正一盟威道、汉传和藏传佛教这样独立的专业祭祀集团。

日本列岛各地的祝部虽然是专业的祭祀人员，但并不附属于任何组织严密的专业祭祀集团，其本质上与郡司一样，都是地方的有力豪族。仅仅是由于日本早期国家在建立与发展的过程中，先后经历了祭政与律令两个阶段，这些被编入日本早期国家的地方豪族才会产生职能上的分化。这种奇妙的政治身份，使得地方的祝部在应对来自外来宗教的侵蚀时，能够体现出高度的灵活性。

随着世俗政治逐渐从宗教祭祀活动中分离，祝部的政治地位发生了显著的变化。虽然在律令制国家建立之初，朝廷并未废除传统的祭政体系，而是通过设立神祇官系统，将之编入新律令国家体制内，甚至依靠神祇官系统来为律令制国家的赋税征收体系提供合法性支撑。但正如中央政治的重心已经由被称为太政官的世俗政治机构主导一样，地方政治的重心也由国造所主持的祭祀系统转移到国司、郡司所负责的地方行政机构。再加上朝廷构筑以佛教为中心的新国家祭祀体系，并试图以佛教侵蚀并统合地方祭祀体系，祝部在地方政治中的影响力日渐衰退。

虽然没有明确的史料记载，但由国分寺营造所遭遇的重重阻碍来看，这些主导传统地方祭祀活动的祝部，无疑也曾对朝廷利用佛教侵蚀地方祭祀体系的政策进行过抵制。但随着朝廷以官爵承袭拉拢了郡司阶层的地方有力豪族，地方祝部实际上已经没有足够的力量阻止朝廷的图谋。

就在地方祝部内外交困之际，发生了前文所提及的八幡大神支持东大寺大佛营造事件。在这起匪夷所思又充满猫腻的政治事件中，朝廷借由八幡大神愿率天神地祇支持大佛营造的神谕内容，向地方祝部传递了希望他们加入新国家祭祀体系的政治信号。既然朝廷并不想对传统的祭祀势力赶尽杀绝，而且加盟新国家祭祀体系还可能获得诸多政治红利，祝部们自然也愿意咸与维新。

虽然在朝廷千方百计的利诱之下，终于使以郡司和地方祝部为主的地方有力豪族加盟到朝廷建立新国家祭祀体系的百年大计之中，但从他们参与到新国家祭祀体系建设的那一刻起，这项政策的主导权便发生了悄然的转变。

朝廷建立新国家祭祀体系的初衷，是想借此统合地方的祭祀体系，以此强化对地方的支配。但地方豪族之所以响应朝廷的号召，并非为了朝廷的宏图大业，相较于积攒政绩以博取中央朝廷的青睐，几乎无缘中央政坛的地方豪族更多考虑的是如何利用朝廷政策来强化自身对地方社会的支配。在这种情况下，这些豪族虽然愿意加盟以佛教为中心的新国家祭祀体系，却不会放弃由自己所主导的本土祭祀体系。

比如僧人法然在延历七年（788年）建成神宫寺后，便将供奉在其中的多度大菩萨称为多度大神，甚至明言只要信奉多度大神，其他所有与之相关的神灵都可以借此提升灵威。法然的宣言，显然是支持神宫寺建立的地方豪族的意志。豪族们为了谋求政治利益，虽然会推动本土神灵皈依佛教，并在神社中建立神宫寺，但却不会让神宫寺吸收本土祭祀体系，而是会借助神宫寺来增强本土神灵的威力，甚至还会以此作为统合本土祭祀体系的契机。

如果说豪族们这种利用神宫寺来强化地方祭祀体系的做法，还与朝廷没有多少利益冲突的话，那么他们接下来的行为，无疑会让朝廷非常难堪。

作茧自缚的朝廷

我们知道神祇官所主导的祈年祭，是支撑律令制赋税征收体系的关键所在。但就在本土诸神纷纷降下神谕，希望皈依佛门的 8 世纪中后期，逐渐出现了地方祝部不愿意出席祈年祭的现象。[①]

为此，朝廷对不来领取币帛的祝部进行了严厉谴责，并以削除祝部职位相威胁，严禁再有此类事情发生。[②]

然而朝廷的禁令似乎没有多少效果。弘仁八年（817 年），神祇官向朝廷报告：地方祝部不来参加祈年祭、月次、新尝祭，导致官库中的币帛堆积如山。朝廷不得不再次向诸国祝部颁发太政官符，只是态度已经比宝龟六年要缓和许多，尤其是削除祝部官职已经不再被作为不来领取币帛的唯一处罚手段，而是要求神祇官"竭尽委曲"地向不来领取币帛的祝部说明领取币帛的重大意义，开启其蒙昧。实在无法说服的情况下，方采取削除祝部官职的处罚。[③]

---

① 在一份宝龟六年（775 年）六月十三日由右大臣所颁发的太政官符中，提到地方的祝部不来参加祈年祭，领受朝廷所颁发的币帛的现象。
② 皇学馆大学史料编撰所编：《续日本纪史料》第 17 卷，皇学馆大学出版部，2013 年，第 199 页。
③ 皇学馆大学史料编撰所编：《续日本纪史料》第 17 卷，皇学馆大学出版部，2013 年，第 200 页。

　　神祇官的说服工作似乎没有起到什么作用，地方的祝部
还是体会不到朝廷的一片苦心。于是，朝廷于齐衡二年（855
年）再度发布太政官符。这一次，朝廷既没有提到处罚也没
有进行斥责，甚至连劝说地方祝部进京领取币帛的话都没有，
而是非常贴心地表示，考虑到路途遥远，祝部们进京领取币
帛颇为不便，之后就不必再进京领取，而改由负责中央朝廷
与地方国衙联络的官人捎带。当然这只是针对武藏、阿波、
常陆、安艺等偏远地区。对核心统治区域近畿，朝廷依旧保
持了高压姿态，于贞观十年（868 年）发布太政官符，对不领
取币帛的地方祝部进行严厉斥责，不仅问以玩忽职守罪，甚
至还加上了被称为"上祓"的神罚，并威胁若仍不改正将削
除职位。①

　　奈何地方的祝部实在是"冥顽不化"，不仅不领受神祇官
所传递的朝廷旨意，甚至对朝廷的各种威胁也视而不见。他们
也确实有底气这么做，若是削除职位这样的惩罚真管用，朝廷
还需要一而再、再而三地发布太政官符吗？

　　因此，贞观十七年，朝廷不得不再次发布太政官符，将本
来适用于边远地区的币帛颁发政策，也扩展到近畿。从此，所
有的地方祝部都不用再进京领取币帛，而统一改由负责联络的

① 经济杂志社编：《国史大系》第 12 卷，经济杂志社，1901 年，第 350—351 页。

官人捎带，再由国司在国府①组织统一发放。②

可惜，这些政策终究还是无法挽回局势。

宽平五年（893 年）及次年，朝廷两次颁发太政官符，要求各令制国派一名官人率地方祝部进京领取币帛。③问题是这些丝毫不体谅朝廷难处的祝部连送上门的币帛都不领，现在怎么可能因一两道太政官符就乖乖地跟官人们进京？其实在经过一百多年的反复折腾后，朝廷想必也清楚这些太政官符根本不会有多少实效。之所以这样做，与其说是在拯救币帛颁发体系，不如说是在这套体系崩塌之际，保留一点可怜的颜面罢了。

值得注意的是，朝廷在嘉祥四年（851 年）二月还颁布太政官符，对诸神进行大规模叙位。所有神祇无论是否有位阶，皆被叙升至从正六位上，规模较大的神社和有名气的神祇，甚至被叙升至从五位下。④虽然在这份太政官符中并未提及对诸神进行叙位的原因，但这次史无前例的叙位，极有可能是对齐衡二年（855 年）币帛颁发制度改革所进行的铺垫。

可以说，自宝龟六年（775 年）到宽平五年（893 年）的近120 年间，为维持币帛颁发制度，朝廷可谓耗尽心机，却依然

---

① 即令制国行政中心所在都市。
② 经济杂志社编：《国史大系》第 12 卷，经济杂志社，1901 年，第 352 页。
③ 经济杂志社编：《国史大系》第 12 卷，经济杂志社，1901 年，第 354 页。
④ 经济杂志社编：《国史大系》第 12 卷，经济杂志社，1901 年，第 354 页。

无法挽救其破产的命运。

说到底，朝廷在这里所面对的，还是那个始终无法解决的老问题——如何实现对地方的支配。

地方神社祝部，虽然接受朝廷任命被编入国家祭祀体系，但并没有几个是朝廷派遣的官员。即便是如大神神社的大神氏、石上神宫的石上氏这些由朝廷任命的祝部，在律令制推行的时代，也早已蜕变为地方豪族。至于出云国造、阿苏国造这样的传统祭祀氏族，更是典型的地头蛇。①

尽管朝廷能够凭借神祇官制度对全国各地的神社进行详细的统计与编册，并规定各个神社需要缴纳的贡赋，但神社的支配权，却依旧掌握在负责祭祀的特定地方豪族手中。在这种情况下，朝廷就算能够对地方神社的祝部施加神罚，甚至削除其职位，但只要无法动摇地方豪族把持地方神社控制权的政治格局，仅靠这些行政处罚措施根本无法让地方神社的祝部顺服王命。朝廷在币帛颁发制度崩溃的过程中所面临的窘境，与其说是由于对地方神社掌控力的衰退，不如说是进一步暴露了其只有依赖地方豪族合作，才能维系地方统治的尴尬现实。

地方豪族之所以认同以天皇为首的朝廷，愿意接受币帛

---

① 大津透编：《讲谈社日本的历史 8·对古代天皇制的思考》，讲谈社，2001 年，第 184—186 页。

颁发制度，实际是希望借助皇祖神的灵威，来强化自身的政治权威。律令制的建立，祭祀与行政体系的分离，让祭祀不再是提供给他们政治地位合法性的唯一来源。更重要的是，天皇推崇佛教所做的一切努力，不可避免地让本土信仰体系开始遭受质疑。这一切都意味着皇祖神的灵威已不再灵验。如果皇祖神的灵威依然灵验，为何朝廷要将佛教树立为镇护国家的重要手段呢？为何以应神天皇灵为本体的八幡大神要进京礼佛呢？

既然佛法的威力要高于皇祖神的灵威，那么祭祀的诸神完全可以通过皈依佛门获得更高灵威的加持。地方诸神假如效仿八幡大神的举动，那也就说明继续领受币帛已再无任何实际意义。更为现实的考量或许是，拒绝领取币帛的行为会让依靠币帛颁发制度维系的赋税征收体系难以为继。地方豪族的这个算盘是既然我不享受你的权利，那么也无须承担你的义务，是否就可以借此拒绝缴纳赋税？而且，地方所营造的神宫寺如果能够获得朝廷认可，除有望获得朝廷的封赐外，更重要的是可以享有免除赋税的特权。地方神社的祝部在好不容易获得免税权的情况下，再特意领取币帛，那岂不是留给朝廷征收贡赋的口实？

三 寺社崛起

建立以佛教为中心的新国家祭祀体系，并以此统合地方祭祀体系，自然离不开佛教教团的合作。比如宝龟十一年（780年）十一月十三日，作为将多度大社神宫寺正式编入体系的象征，朝廷派遣大僧都贤璟（714—790年）前往营造三重塔。[①]

贤璟为兴福寺僧人，山部王（即日后的桓武天皇）为怨灵与病痛苦恼之时，曾招请五位僧人在宝生山[②]中作法祈福，贤璟便是其中之一，且颇受山部王信任。在延历十二年（793年）迁都平安京之际，他被朝廷委派与藤原小黑麻吕、纪古佐美一起堪舆风水。

鉴于朝廷自官僧体系建立的那一刻起，便一直通过中央的大寺院来操控僧团（比如让飞鸟寺主导具足戒等），因此贤璟前往多度大神神宫寺营造三重塔，除代表朝廷外，应该也带有一定的中央大寺院背景。这便为地方神社与中央大寺院的互动提供了契机。

实际上就在朝廷试图整编地方祭祀体系的同时，地方神社也开始与中央大寺院积极互动，最终催生出能与皇权分庭抗礼的寺社势力。

---

① 多度神社编：《神宫寺伽蓝缘起并资财账本》，多度神社，1937年，第6页。

② 今奈良县宇托寺。

显密之争

自 9 世纪初期以来，地方的神宫寺被纷纷编入兴福寺、延历寺、东寺等被朝廷赋予镇护国家重任的中央大寺院名下。但在被收编的过程中，地方神宫寺并未因此丧失自身的主动性。这一点，多度大社神宫寺的经历堪称典型。

承和六年（839 年）正月，经过多度大社神宫寺僧人法教及其后继者的不断争取，朝廷终于恩准多度大社神宫寺成为比叡山延历寺的别院。[①]但不知什么原因，多度大社神宫寺与延历寺的关系并不融洽，以至于次年十二月，朝廷又解除了多度大社神宫寺与延历寺的从属关系。[②]

此后，多度大社神宫寺的僧人又耗费不少心力来寻找能够成为其总本山的寺院，最终于嘉祥二年（849 年）通过当时在朝廷有很大影响力的高僧传灯大法师寿宠的关系，与东寺取得接触，并成功被东寺接纳为别院。[③]

由多度大社神宫寺的经历不难看出，在地方神宫寺被编入中央大寺院体系的过程中，地方神宫寺具有很强的自主性。但问题在于，能够自主的多度大社神宫寺为何要千方百计谋求编

① 《续日本后纪》承和六年春正月己卯条。
② 《续日本后纪》承和七年十二月己酉条。
③ 《续日本后纪》嘉祥二年十二月己酉条。

入中央大寺院体系？

　　如前文所述，地方神社之所以跋山涉水前往京城领取币帛，无外乎是想借助皇祖神所分享的灵威来强化自身的政治权威。但是当佛法这个更为经济实惠的替代品出现后，便连朝廷送上门的币帛也弃若敝屣。不过有一点没有变，那就是它们依旧渴望能够获得更高的权威来赐予佛法加持。这时候，又有什么比兴福寺、延历寺、东寺这些被朝廷寄予镇护国家厚望的中央大寺院更适合扮演这一角色的呢？其实，在寿宠向朝廷上奏将多度大社神宫寺编入东寺体系时已说得非常明白，所谓的编入理由就是镇护国家与满足多度大神的意愿。[①]也就是说，多度大神希望能够获得拥有镇护国家权能的东寺加持，从而将自身由一介地方神灵提升到八幡大神那样镇护国家的高度。

　　但是，为何多度大社神宫寺放弃了与延历寺的合作，而投入东寺门下呢？

　　这与当时日本的佛教宗派有关。我们知道当时传入日本的佛教，分为显、密两派，显教侧重神学思辨，密教侧重咒术秘仪。尚未走出神话时代的日本人无疑更喜欢以咒术秘仪为主的密教。无论是朝廷所提出的镇护国家期待，还是民众对于奇迹

---

① 《续日本后纪》嘉祥二年十二月己酉条。

的渴求，无一不要求佛教以咒术作出回应。显教虽然比密教更早传入日本，但却远不如密教发展迅速。后来显教为了发展，也不得不吸收密教的咒术与秘仪，从而形成日本独特的显密佛教。而比叡山延历寺，正是显密佛教的代表。

比叡山延历寺的开创者，是深受桓武天皇信赖的僧人最澄（766—822年）。最澄自幼便一心向佛，宝龟十一年（780年）于近江国分寺出家。作为官僧，其僧途可谓一帆风顺，不仅二十岁不到便在东大寺接受了具足戒，成为一名独当一面的官僧，更于延历二十三年（804年）为桓武天皇亲自指派，入唐求法。

在当时，入唐求法僧人分为留学生与还学生两类。简单来说，留学生是以长期留学为目的入唐求法的僧人，还学生则是以短期修学为目的入唐求法的僧人。虽然看上去还学生似乎没有留学生正规，但最澄的情况却有点特殊。当时桓武天皇为对抗尾大不掉的南都六宗，决定在比叡山扶持天台宗[①]与南都六宗对抗。最澄正是作为官僧中的佼佼者，被桓武天皇视为能够树立天台宗的关键棋子，而被派遣入唐求法镀金的。[②]

最澄虽然在入唐之前便已接触过杂密经典，入唐之后也从

---

① 天台宗又称法华宗，是中国最早本土化的佛教宗派之一，其根本经典为《法华经》。

② 盐入良道编：《日本名僧论集 2·最澄》，吉川弘文馆，1982 年，第 295—297 页。

最澄《久隔帖》

僧人顺晓处修习过杂密经典[①]，但无论是其官僧身份，还是桓武天皇对他的期待，都决定了最澄必然采取以天台宗为主、以杂密为辅的修行路线。

就在最澄入唐求法的同时，大名鼎鼎的空海（774—835年）也作为留学生抵达了大唐首都长安。相较于根正苗红、科班出身的最澄，空海倒颇有几分民科色彩。其早年并未出家，而是于延历十一年（792年）进入大学寮学习《春秋左传》《尚书》《毛诗》，但很快便放弃大学寮的学业，前往山林修行，直到被派遣入唐的延历二十三年才在东大寺出家为僧。[②]

---

① 大久保良峻：《山家的大师——最澄》，吉川弘文馆，2004年，第77—76页。
② 赖富本宏：《空海与密教》，PHP研究所，2015年，第76页。

　　与入唐镀金的最澄不同，空海是抱着修习真言密教的目的入唐求法的。所以在抵达长安后，先向醴泉寺的印度僧人般若三藏修习梵语，随后再拜入密教第七祖青龙寺的惠果大师门下，修习真言密教。

　　最澄与空海修行路数不同，各自回国之后的际遇也是大相径庭。

　　最澄回国后立刻获得礼遇，在比叡山开创延历寺，而空海则未能获得朝廷重用，不得不前往远离平安京的高野山开宗立派，暂避锋芒。

　　但在渴求获得咒术与奇迹的日本列岛，最澄以杂密加持天台宗，终究无法与空海从大唐带回的真言密教对抗。

　　弘仁十四年（823 年），朝廷将为镇护平安京而修建的东寺赐予空海。在离开平安京十七年后，空海重回日本列岛的权力中心，其所开创的宗派也因获得了东寺作为总本山，而被称为东密。随着东寺成为专修真言密教的护国寺，东密的势头彻底压过延历寺，到了承和元年（834 年），连宫廷内的御七日法会，也规定全部由修习真言密教的僧侣负责。

　　多度大社神宫寺之所以与延历寺解除关系，而投入东寺怀抱，就是对政治气候作出的反应，也与诸神渴望更为纯粹的密教咒术与秘仪的加持不无关系。

　　面对东密如此迅猛的发展势头，延历寺自然无法等闲视之。

东寺金堂

这不仅涉及教团势力的扩展，更与延历寺的政治地位息息相关。如果不能更进一步地学习吸收密教，建立足以与东密匹敌的密教体系，则不仅无法整合收编以神宫寺为代表的地方祭祀体系，甚至连朝廷所赋予的镇护国家使命也很可能被东密夺取。

实际上，最澄对此早有非常清醒的认识，故也曾向空海请教密教。甚至在空海与其割席断交之后，还派遣最得意的弟子泰范去跟空海修行密教。可没想到泰范为空海的理念所感动，放弃最澄继承人的身份不要，投入空海门下。[①]最澄也在不久后去世。

但延历寺方面并未因这些挫折而放弃。最澄去世后，延历

---

① 盐入良道编：《日本名僧论集2·最澄》，吉川弘文馆，1982年，第295—297页。

寺先后派遣圆仁、圆觉等前往长安青龙寺，向惠果的嫡传弟子修习真言密教，然后再将真言密教与天台宗融合，终于发展出足以与东密分庭抗礼的台密。

连被朝廷钦定为皇权信仰支柱的天台宗都如此积极地吸收学习密教，南都六宗也不得不尽快跟上时代的潮流。就在显密互争高下到显教密教化的过程中，包括神宫寺在内的日本列岛各地寺院，被不断地编入以东密、台密为首的显密寺院体系中。

当然，被编入显密寺院体系的并非只有寺院，神宫寺被编入显密寺院体系实际上也意味着神宫寺所属的神社被编入显密寺院体系之内。比如祇园社①，便以其神宫寺祇园感神院成为兴福寺末寺（别院）为契机，被纳入兴福寺的体系之内。随着祇园感神院转投比叡山延历寺，祇园社又与延历寺建立了从属关系。②

由此，延历寺、兴福寺、东寺等被朝廷寄予厚望的中央大寺院，借由确立显密信仰体系，非常完美地完成了朝廷所赋予的整合日本列岛祭祀体系的重任。但是，对于朝廷而言，恐怕并不是一件好事。为何这么说呢？这还要从寺社所拥有的特权说起。

---

① 即日后有名的八坂神社，位于京都府京都市东山区祇园町北侧。
② 久保田收：《八坂神社的研究》，神道史学会，1974 年，第 86—87 页。

不输不入权所打造的神圣空间

　　直到明治维新之前，日本的寺社都拥有一些在中国人看来极其不可思议的特权，其中最具代表性的，莫过于由不输权与不入权所构成的不输不入权。

　　所谓不输权，简单来说就是减免部分或者全部租税的免税权。

　　日本建立律令体制的重要一环，便是制定班田收授法，编制户籍，将所能掌握的土地与豪族编入赋税征收体系。但朝廷在制定律令时，有两类土地被明确隔离于班田收授法之外，即神社的神田与寺院的寺田。

　　《养老令》中的"神祇令"规定：侍奉神社的神户，其赋税田租皆为供应神宫营造与祭祀神灵之用，其赋税等同于义仓。[①]实际相当于免除赋税。"田令"中又规定：神田与寺田不在班田体系之内。明确注明这两类田地属于免税田。[②]延历十八年（799 年），民部卿和气清麻吕在解答律令条文时，再次明确将神田与寺田划入免税田内。[③]

　　为何如此规定呢？就意识层面而言，在日本人的认知中，

---

① 　经济杂志社编：《国史大系》第 12 卷，经济杂志社，1901 年，第 73 页。

② 　经济杂志社编：《国史大系》第 12 卷，经济杂志社，1901 年，第 102 页。

③ 　竹内理三：《竹内理三著作集 7 · 庄园史》，角川书店，1998 年，第 441—442 页。

神社和寺院的田地属于神佛之物，人类无权处置。所以这些田地不仅享有免税待遇，而且严禁买卖。而就现实层面而言，神社被视为地方的关键，寺院则被赋予镇护国家的使命，实际上被朝廷视为类似官衙的存在。因此其附属的土地，亦被朝廷视为与官衙附属的公田具有同等的性质，自然能够获得免税权。[1]

不输权虽然能够使寺院游离于国家赋税体系之外，但想要具备真正能够与朝廷分庭抗礼的实力，还需要有被称为不入权的另一特权的加持。

所谓不入权，是指拒绝国家公权力介入之特权，即拒绝朝廷任命征收赋税以及行使军事警察权的官人，进入寺院与神社所管辖的空间行使国家权力。

不入权多被认为是不输权扩大的产物。这种观点认为，伴随着不输权的扩大，特权持有者逐渐脱离朝廷行政司法体系的掌控。[2]这种观点或许适用于中央贵族或地方豪族，但神社与寺院的不入权无疑与不输权有着同样古老的起源。

在古代日本，一方面受佛教不得杀生的教义以及日本传统的净秽观念影响，规定在寺社所支配的领域内禁止杀生[3]；另一

---

[1] 竹内理三:《竹内理三著作集 7・庄园史》，角川书店，1998 年，第 26—27 页。

[2] 安田元久:《日本庄园史概说》，吉川弘文馆，1957 年，第 60 页。

[3] 西冈虎之助:《庄园史的研究》上卷，岩波书店，1953 年，第 62—63 页。

方面，寺社所支配的空间被视为神的领域，不受朝廷支配，朝廷无权在神的领域执行刑罚。故而长久以来，神社与寺院往往被认为具有避难所的性质，能够庇护那些触犯王命之人。

比如仁德天皇在位时，隼别皇子受天皇派遣，前往雌鸟皇女处提亲。不想隼别皇子对雌鸟皇女一见钟情，并未履行皇命，反而与雌鸟皇女结为夫妻。仁德天皇闻讯大怒，遂以谋反之罪遣兵诛杀皇子夫妇。最终他们在逃往伊势神宫寻求庇护的途中，被天皇所派追兵截杀。[①]再如天平神护元年（765 年），皇族和气王被怀疑谋反，因此连夜逃往率河社[②]躲避，但依旧没有躲过被流放的命运。[③]

虽然神社最终都未能成功庇护这些触犯王命之人，但通过这些事例，仍然可以看到在当时的日本列岛，确实存在将神社视为逃避王权责罚的庇护所之观念。

实际上，在当时朝廷所制定的律令条文和发布的太政官符中，也屡屡提及在祭祀期间不得刑杀或者在神社之外施加刑罚的相关内容。

寺院所支配的区域同样被视为王法之外的神圣空间。比如

---

① 《日本书纪》仁德天皇四十年二月条。

② 率河社即率川神社，由大三轮君白堤于推古天皇元年（593 年）奉朝廷之命修造，位于今奈良县奈良市本子守町。

③ 《续日本纪》天平神护元年八月庚申朔条。

在宝龟二年（771 年）所发布的太政官符中，便规定禁止在寺院周边二里以内杀生；天禄元年（970 年）比叡山延历寺的天台座主良源（912—985 年）在制定誓文时，曾引用天长元年（824 年）的条文，禁止在寺院内执行刑罚。

王法不管，并不代表这些"神圣空间"不需要被管理。即便生活在其中的神人众徒都是奉公守法之辈（这几乎不可能），那些因为触犯王法逃入寺社所支配的领地寻求避难之人，也会为境内治安带来极大的不安定因素。因此，朝廷不得不容许寺社建立自己的司法警察体系，以便在王权无法干涉寺社领域之时，辅助王权维持统治秩序。比如宽平九年（897 年）因朝廷的检非违使①无权进入伊势神宫控制的领域内追捕逃犯而颁下太政官符，要求伊势神宫设立专门的检非违使。②这表明寺社势力在平安时代中后期已经以传统的不入权为基础，发展出独立于朝廷的治外法权。

那么，寺社所拥有的不输不入权与显密寺院收编整合日本列岛的祭祀体系的结合，会对天皇君临列岛的统治秩序带来怎样的影响呢？

---

① 检非违使是平安时代所设立的令外官，其职责主要包括治安维护、缉拿审判等，实际上可以视为拥有审判裁决权的军事警察机构。
② 长谷山彰：《日本古代的法与裁判》，创文社，2004 年，第 349—351 页。

寺社体系的形成与律令制的崩溃

在延历寺、兴福寺等显密寺院整合收编日本列岛各地的寺院与神社之前，寺社所拥有的不输不入权实际上并未对朝廷的统治秩序造成过多的困扰。

在日本早期的国家形态中，天皇起着作为各祭祀共同体大祭司的作用，相应地，地方神社在各自地域内掌握着祭祀的话语权。但地方神社完全由当地豪族主导，因此地方神社在一定程度上扮演着类似中国地方官府的角色。日本朝廷通过神祇官这样的中央祭祀体系，对地方神社实现了一定程度的掌控，由此将地方祭祀体系整合起来，形成了祭政合一的体制。

在这种体制下，朝廷借由币帛颁发制度确立了早期国家的赋税征收体系。地方神社必须将本应供奉给神灵的供品进献给朝廷，在经过皇祖神的灵力加持之后，再由神祇官颁发给地方神社的祝部。因此，尽管神社所附属的土地享有免税权，但其所产出的供奉神灵之物，需要先上缴朝廷，再由朝廷重新分配。而且币帛颁发制度又是为律令制国家的赋税征收体系提供合法性的主要依据。所以，神社实际上并未独立于律令制国家税赋征收体系之外，反而是支撑这套体系的关键。

此外，尽管地方豪族拥有对地方神社的主导权，但由于日本的本土信仰还处于较为原始的阶段，尚未发展出组织严密的教团。虽然地方神社都有各自的领地，甚至像鹿岛神宫、香取神宫①、宗像神社②、杵筑大社③（出云大社）那样以被称为神郡的整郡之地作为神领，但在整合了日本列岛地方祭祀体系的朝廷面前，根本没有与之对抗的实力。因此，神社虽然拥有拒绝公权力介入的不入权，但有没有能力维持这种权利，却很成问题。实际上，在古代日本的政治斗争中，逃往神社寻求庇护之人，并不一定能够如愿。说到底，没有维护权利的力量和履行权利的决心，任何权利都不过是一纸空文。

寺院虽然与神社同样被视为国家祭祀体系的支柱，但却与神社有着若干不同之处。

首先，寺院并不像神社那样与律令制国家的税赋征收体系有密切关系，反而因为免税权而独立于这套体系之外。不过，寺院的免税田也并非没有限制。为了防止寺田的免税权被滥用，《养老令》中明确规定官人百姓不得向寺院布施田地。④

其次，虽然朝廷也将官僧视为承担专门祭祀职能的官人，甚至赐予其位阶，但佛教教团作为组织严密的宗教团体，自一开始便有着高度的自治色彩。而且朝廷为保持祭祀组织的纯粹

---

① 位于今千叶县香取市。
② 位于今福冈县宗像市。
③ 位于今岛根县出云市。
④ 经济杂志社编：《国史大系》第 12 卷，经济杂志社，1901 年，第 103 页。

性，坚持任用僧人管理佛教的政策，更加强化了佛教教团相对于朝廷的独立性。

在佛教教团被朝廷扶持的早期，这种独立性基本不会对朝廷的统治秩序造成多大的影响，但随着延历寺、兴福寺、东寺等显密寺院在朝廷的支持下，整合地方祭祀体系，收编日本列岛各地的寺院与地方神社，情况就大为不同了。

这种变化，对于显密寺院而言，首先就是打破了官人、民众不得向寺院布施田地的禁令，获得了大量的土地。更重要的是，能够以此为契机，将地方豪族作为神户或寺户编入自己的体系之内，极大地提升实力。对于地方豪族而言，投入显密寺院的怀抱，不仅意味着能够脱离朝廷的税赋体系，还可以分享显密寺院所享有的治外法权。而后者在地方豪强与朝廷官人周旋之时，或许比免税权要更为重要。

长保元年（999 年）八月，大和国城下东乡发生的藤原良信被害事件就很能说明问题。这起事件的首谋者为左卫门权佐藤原孝宣领下、田中庄庄预文春正，从犯为田中庄、丹波庄、纪伊殿庄的"凶党数十人"。被害者藤原良信，为大和国城下东乡的早米使（受朝廷任命征收年贡的官人）。很明显，这起案件并非单纯的凶杀案，而是一起暴力抗税的恶性事件。

田中庄为京城贵族左卫门权佐藤原孝宣的领地，丹波庄与纪伊殿庄则分别为原法隆寺别当仁阶大法师与兴国寺僧明空法师的领地。因此，那些敢于抗税、袭杀朝廷命官的凶手其实是贵族的家人与法隆寺、兴国寺的众徒[1]。暴力抗税事件发生后，他们各自逃到平安京与兴福寺寻求庇护，也印证了这一点。

朝廷虽然下令检非违使立刻缉捕逃往平安京之人，但对逃往兴福寺的凶手，却因顾忌寺院所享有的治外法权，只得命令兴福寺方面代为抓捕。[2]结果，在寺院的庇护下，凶手都获得了赦免。

如此严重的群体性事件，最后居然是这样的结果，足见朝廷苦心建立的律令制度，在显密寺院体系的不输不入权侵蚀之下，早已名存实亡。

结语

佛教在日本的成功传播，少不了佛教高僧在"求真"层面，也就是思想认识上的进步。诸多日本高僧前往唐朝求学，在佛学之外，还接触到先进的华夏文化，这都为他们返回日本成功传教奠定了基础。

但佛教在中国的传播，除了高深的佛理，还有"导俗"的

---

[1] 众徒即依附于寺院，但并未正式剃度出家之人。

[2] 长谷山彰：《日本古代的法与裁判》，创文社，2004年，第344页。

一面。初入中国之时，佛教高僧经常展示自己的神通，如幻术、伏虎、祈雨、医术、预知人的祸福吉凶等，这对于佛教的传播很有帮助。这些神通也可以与日本的现实完美契合。日本列岛没有强大的皇权和知识精英组成的职业官僚，对于底层民众来说，"导俗"能力远比"求真"更具吸引力。而正是佛教"导俗"能力的突出，才会被天皇选中用来对抗本土强大的信仰体系。

但相较于中国，日本朝廷对佛教没有强大的驾驭能力，朝廷和地方豪族的暗中角力，也给了佛教巨大的生存空间。在朝廷和豪族彼此利用佛教来回撕扯的过程中，佛教渐成"燎原之势"，久而久之，必然变得不受控制。天皇利用佛教的初衷不能说对日本列岛没有影响，但就预期效果而言，在佛教争取到豪族的支持后，毫无疑问是失败了。

尾声　秽乱后宫的天狗

　　有趣的是，众神纷纷皈依佛门与显密寺院收编地方寺社的9世纪，恰好是我们在第二章所讨论的朝廷通过各种政策强化对地方的支配，并引发一连串怨灵作祟事件的年代。

　　不难想象，伴随着显密寺院对地方寺社的整合与收编，朝廷借由神祇官制度所支撑的赋税征收体系将越来越难以为继，因此不得不想方设法推行各种政策来强化对地方的支配。但这必然导致地方豪族更进一步寻求与寺社合作，以对抗来自朝廷的压力。

　　政治体制的变化，仅仅是日本文明演化的一个表象。

　　如果把推动旧秩序解体的力量称为"阳"，促进这个体制保持稳定的力量称为"阴"，阴阳的互动就是文明的演化。让一种文明出现大变革，就是"阳"的刺激起主要作用；一种文明长时间处于稳定状态，就是"阴"在持续占主导。

"阴阳"互动的过程中，对文明主体施加的作用，是一种"刺激"，亦可称为一种"挑战"，而文明主体也会对刺激生出反作用力，即"应战"。

世界上许多夭折、流产的文明在于"刺激"过强，比如蒙古帝国的崛起让创造了璀璨文明的阿拔斯王朝覆灭，伊斯兰世界失去了过去的领先地位；同时宋朝被称为华夏文明的巅峰，也是亡于蒙古帝国之手，当然了，华夏文明韧劲十足，也是特例。

如果自然条件和政治格局比较稳定，受到的"刺激"过弱，就不足以引发文明的大幅度进步。像地处北极圈的因纽特人，北极的环境虽然恶劣，但也出奇地稳定，由于缺乏与外界的交流，因纽特人始终与现代文明有着一层隔膜。

古代日本面临的挑战很微弱，属于后一种情况，虽然在整个东亚格局中，华夏文明漂洋过海，给日本本土文明造成了全面影响，但并未对其造成太大的冲击，更谈不上改变。作为东亚巨无霸的中国，哪怕在国力强盛的时候，也很少想过将兵锋直指日本列岛。因此日本文明得以长时间延续，政治生态和社会生活未曾出现中国那种剧变。

古代日本社会，既未能普遍实现知识的下沉，也没有摧毁地方豪族把持基层话语权的格局。天皇虽有做中国帝王的野心，奈何实力有限，如果选择大刀阔斧地向中国帝王的角色迈进，恐怕非但达不到目的，其自身的结局也不会太好。

天皇崇佛，意欲在列岛本土信仰之外尝试一种新的体系，但也碍于现实情况，不得不仰赖地方豪族。就在天皇和豪族的博弈中，佛教抓住了机会，获得了巨大的生存空间，它甚至可以在天皇和豪族之外，构建另一种秩序。

其实，天皇和豪族对佛教都是一种"利用"关系，当佛教侵蚀世俗政务越发严重的时候，他们必然会采取相应的手段加以应对，只是日本列岛不会出现如北周武帝一样的帝王以及李德裕那样的强势宰相，结果自然超出想象：不仅是豪族，连天皇的卧榻之侧都不得安宁。

在平安时代的传说故事集《今昔物语集》中，收录有一则匪夷所思的怪异故事。

话说在古时，有位染殿皇后，乃文德天皇之母、良房关白太政大臣的女儿。这位皇后生得沉鱼落雁，美貌无双，只是经常被邪祟缠身不得安宁。为此也曾多方祈祷，还把法力高强的僧人召进宫来，作法祈禳，但始终不见灵验。

当时，在大和国葛木山顶上，有个地方叫金刚山，住着一位得道高僧。他在那里修行多年，可以飞钵取食，投瓶汲水，法术灵验无比，远近知名。天皇和国丈关白大臣听说此事后，都想请僧人入宫为皇后祈禳治病，于是传旨宣召。高僧虽再三推辞，但终因圣命难违，只好奉旨前来。

高僧来到皇后驾前，作起法来，果然灵验。服侍皇后的一个宫女突然发疯号哭起来，宛如神怪附体一般，狂奔乱叫。高僧一见，越发施展法力，宫女被缚责打，不多时从她怀中跳出一只老狐，满地翻滚不能逃脱。高僧遂命人捆住狐狸，送给关白大臣查看。大臣见困扰皇后的怪异已被捉拿，欢喜异常。不到一两天的工夫，皇后的病就痊愈了。

关白大臣见女儿病愈，心中大悦，便挽留高僧再看护几日。高僧遂遵照吩咐，暂时留在皇后身边。这时，正值炎夏，一日皇后正在房中小憩，身上仅穿着一件薄衫。一阵清风把锦帐吹动，露出皇后的曼妙身姿。恰好高僧经过，幔隙间隐约望见皇后。他万没料到世上会有如此端庄美丽之人，顿时心摇意荡，起了爱欲之念，无法自持。最终他欲火中烧，片刻难抑，遂乘无人之隙钻进锦帐。皇后正在躺卧，被僧人一把搂住，只吓得魂不附体，冷汗直流，虽恐铸成大错，但力薄身单，终难抵御。

正当僧人肆意轻薄之时，被女官们瞧见，大家惊慌失措喊叫起来。这时，有个名叫当麻鸭继的太医奉旨给皇后医病，正侍奉宫中。他忽听宫内人声嘈杂，便匆匆跑来观看。当时，正赶上僧人从锦帐里出来，鸭继遂将其当场拿获，并奏明天皇。天皇大怒，立将僧人抓捕入狱。僧人在狱中，不仅毫无悔意，更仰天哭泣发誓说："只要皇后活在世上一天，我纵然死了，也要一亲芳泽，了却心愿。"狱吏闻言，连忙报知国丈关白大臣。一想到法力高超的高僧死后将会作祟，大臣便惊恐万分，连忙奏请天皇赦免僧人，将其遣返回山。

高僧回山后，不堪相思之苦，一再祈求能再亲皇后之芳泽。然虽有佛法三宝加持，僧人也知今生难了此愿，遂决心一死，化作鬼魂了却夙愿。于是开始绝食，十余日后，便饥饿而死。

高僧死后，化作一裸体秃头之恶鬼，身高八尺余，肤如黑漆，目似铜碗，血盆大口之中，生着尖刃似的牙齿，上下交错，腰间系着一条红布兜裆，插着一柄铁槌。它突然出现在皇后宫中的锦屏旁边，宫中侍卫见了，无不吓得失魂落魄、奔走逃亡；女官们瞧见恶鬼，有的吓得昏死过去，有的吓得蒙衣而卧。至于那些外人，自然无法得见宫闱禁中之事了。

这时，皇后中了鬼祟，神志昏迷，情意飘荡，不由得含情浅笑，以扇掩面，步入罗帐，和恶鬼并头睡下。众女官在帐外听见恶鬼倾诉相思之苦和皇后的笑声慰藉，都赶忙逃去。直到黄昏时分，恶鬼才走出锦帐。众女官们担心皇后安危，便赶忙近前观望，却见皇后仿佛未曾发生那恐怖之事，安坐其中，唯眼中隐隐透出些许凶光。此事被秘奏之后，天皇不由得大惊，想到皇后的安危，更是忧虑不已。

此后，恶鬼来无虚日，皇后见他不但毫无惧色，反而爱恋有加。宫里之人看到这般情景，无不焦虑万分。

不久之后，恶鬼附在人身上说："我必向鸭继报仇！"当麻鸭继听说后，大为惊恐，不几日，便暴卒身亡，连他的四个儿子也发狂致死。天皇及国丈关白大臣见此，恐惧不已，频频召请得道高僧进宫祈禳，好不容易才有了灵验。约有三个月未见恶鬼前来，皇后也逐渐心神稳定，恢复正常。

天皇心中大悦，想起多日未见皇后，准备亲去探望，于是驾临皇后居处。这次行幸非比寻常，文武百官俱随驾而来。天皇来到后宫，瞧见皇后，不由得心疼不已，一边流泪，一边慰抚。此时，皇后也无限伤感，看她的神情和往日一般无二。

正在这时，那恶鬼突然从墙角跳出，一头钻入锦帐，天皇大惊，这时，皇后也照旧奔入帐中。须臾之间，恶鬼又从南面跳出。自大臣公卿以至文武百官都亲眼瞧见，无不惊骇。就在此时，皇后又跟随出帐，她毫无忌惮地在大庭广众之下，和恶鬼亲昵同卧，做起那秽不堪言之事。甚至连恶鬼起身，皇后也随同入帐。天皇眼见这番情景，却是无能为力，只得叹息离去。

这本是一件不堪为外人道的秽事，贵媛淑女闻听此事，应知远避这类法师，所以照录于此，只是使末世之人引以为戒罢了。

这则怪诞离奇的故事，看上去与中国古代小说或是意大利文艺复兴时代的小说集《十日谈》中，讽刺僧人与修士不守清规戒律，与贵妇人私通的故事颇为类似。甚至我们有理由怀疑，这则故事是以中国古代小说为蓝本进行的再创作。但文化的传播从来就不是简单的复制，异文化在被接纳的过程中，不仅会融入很多的本土化元素，甚至还可能反映出特定的时代背景。

这则名为"染殿后被天狗扰乱"的怪异故事，与中国古代小说的最大不同在于，僧人虽然在生前便已与皇后有染，但故事的主体部分，却是其死后化为恶鬼与皇后交欢。更有趣的是，在中国古代小说中，触犯色戒的僧人多会受到惩罚，但这则怪异故事中的僧人，不仅未受到惩罚，甚至还敢当着天皇与满朝文武与皇后行那男女之事。而天皇与满朝文武对此竟束手无策，只能叹息离去。

这种差异不仅反映了当时日本人对于怪异的认知图景，还充满了不便明言的政治隐喻。

我们不妨再回顾一下前文曾提及的荒魂·和魂观念。

在古代日本人的认知图景中，超自然的力量亦正亦邪，正邪之间可以相互转换。比如怪异具有荒魂与和魂两种状态。当怪异处于荒魂状态时，乃恶鬼一般的存在，将会为世间带来灾难。但如果通过祭祀使怪异由荒魂状态转化为和魂状态，那么恶鬼就摇身一变成为保佑世人的神灵。

这则怪异故事中出现的僧人，本来是一个法力无边、降妖伏魔的高僧，只是由于在皇后的美色面前无法自持而堕入魔道，死后化作恶鬼，兴风作浪。这无疑意味着通过修行而具有超自然力量的高僧，也如同远古诸神一样，亦正亦邪，既可降妖伏魔，也能化作鬼怪为祸世间。

值得一提的是，这位高僧生前的修行之所，正是大名鼎鼎的灵峰金刚山。在记纪神话中，葛城山脉的山神一言主大神，在这里让不可一世的雄略天皇铩羽而归。那个因妖惑众人而被朝廷流放的役小角，也曾在此处修习咒术、役使鬼神。这里还是那位因率领私度僧集团传教布道，而遭到朝廷斥责的行基菩萨登场的舞台。这则怪异故事的作者选择这样一座充满着反体制色彩的灵峰，作为高僧的修行之所，恐怕别有深意。

实际上，这个故事最初的版本，据传出自延喜十三年（913年）至延喜十八年间由三善清行（846—919年）所著的《善家秘记》。在公卿的记载中，化为恶鬼魅惑皇后的，同样是一位在深山中修行的僧人，但其修行之所并非金刚山，而是金峰山。此外，僧人所化身的恶鬼，被蓝色的火焰所缠绕，在黝黑的肌肤上反射出苍青色光芒，故又被称为金青鬼。蓝色的火焰很容易让人想到鬼火，进而联想到来自地狱的力量。

而且，《善家秘记》的作者三善清行，"恰好"是菅原道真作祟事件的目击者之一，他的儿子日藏上人，"恰好"又在金峰山修行之时，受藏王权现指引，目睹了醍醐天皇因迫害道真而被打入火狱的情景。三善清行是否真的目睹了道真怨灵作祟或者恶鬼魅惑皇后，我们不得而知，但可以肯定的是，这两起怪异事件都充满了强烈的反体制色彩。

在道真怨灵作祟事件中，皇权束手无策，只能不断封官许愿以求太平。而在僧人化为恶鬼秽乱后宫的事件中，皇权同样无法应付法力高强的恶鬼，在《善家秘记》中，天皇甚至还因此萌发了出家遁世的想法。

不过，僧人化为恶鬼秽乱后宫事件还有另一个版本。

在成书于延喜十八年（918 年）至延喜二十三年间的《天台南山无动寺建立和尚传》①中，化为天狗秽乱后宫的僧人，乃是真言宗的高僧真济，而相应最终以咒术制服了真济化身的天狗，使皇后从恶鬼的困扰中得以解脱。

这个版本的故事与《善家秘记》《今昔物语集》的差异，当然可以用台密僧人抬高台密并贬低竞争对手东密的动机予以解释。但鉴于另外两个版本的故事都带有强烈的反体制色彩，而比叡山延历寺又作为皇权的精神支柱被赋予镇护国家的职能，因此降服天狗，以咒术捍卫皇权秩序，才是这则故事所要表达的原初意义。虽然在这个过程中，台密僧侣们无疑掺杂了不少私货。

那么，恶鬼秽乱后宫事件以及关于该事件的三个版本，能给我们带来怎样的启示呢？

这还是要从日本早期国家祭政联合体的性质来分析。咒术

---

① 记载比叡山延历寺僧人相应（831—918 年）的传记。

与祭祀，是这一政权形式最主要的政治内容。天皇凭借由咒术加持的卡里斯玛，成为君临这个政治实体的巫王，而维持其卡里斯玛的关键，在于通过祭祀镇抚狂暴的荒神，使之转化为保佑世人与国家的和神。

随着日本早期国家的发展，天皇不再满足于扮演巫王的角色，而是谋求更大的政治权力。而在其采取的诸多行动中，最具革命性的举措，便是从东亚大陆引入了充满理性色彩的中国式官僚集权制度，并且尝试将自身定位成中国皇帝那样的绝对君王。

但正如利维坦不可能伪装成贝希摩斯一样，贝希摩斯也不可能披上利维坦的外皮，化身为利维坦。[①]天皇对中国式官僚集

① 这里借用了霍布斯的概念。在霍布斯的论述中，利维坦与贝希摩斯是对立的两种权力形态。利维坦指代公民政体，贝希摩斯则是其敌人，处于暗处但并不缺乏权势的教会权威。随着时光流逝，利维坦的内涵已经逐渐演化为现代国家的代名词，贝希摩斯的存在却因为其所指代的教权被现代国家所驯服，而几乎为世人所遗忘。笔者在这里之所以使用这个几乎为世人所遗忘的概念来形容日本的权力构造，主要是想让读者诸君能够更为直观地感受日本权力构造与中国的巨大差异。如果将中国古代的官僚集权制比喻为利维坦的话，那么以祭祀共同体为底色的日本氏族政治，就如同贝希摩斯一样，与利维坦恰好是两个极端。以至于古代日本的掌权者试图仿效隋唐建立律令制度，就如同陆上巨兽要蜕变为海中巨兽一样不可思议且苦难重重。当然，对于绝大部分专业政治学者或历史学者而言，这种类比颇有张冠李戴之嫌，甚至是对霍布斯的亵渎与冒犯。但后学之士所能够做的绝非仅限于为圣贤继绝学，史学也绝不应等同于训诂考据之学。在必要之时，也应该借用一些先贤所提出的概念，来对其他文明的历史进行阐释。关于利维坦与贝希摩斯的具体讨论，参见托马斯·霍布斯：《贝希摩斯：英国内战缘由史》，李石译，北京大学出版社，2019 年。

权制度的效仿，虽然在很大程度上满足了其政治野心，但在缺少中国式职业官僚集团情况下，他们既无法改变日本列岛氏族合议、臣强君弱的政治格局，也不可能使日本人接受儒家的理性主义而走出神话时代。祭祀与巫术，依然在日本人的政治生活中扮演着举足轻重的角色。在这种充斥着渴求超自然力量的社会氛围之下，诸如怨灵作祟之类的怪异事件，往往会成为政治斗争的焦点，不断震撼着天皇之治世。

可是，在追求世俗权力的过程中，天皇的克里斯玛已经受到极大的损耗。与此同时，从中国引入的儒家思想虽然对日本的精英阶层有很大的影响，但却并不为笃信鬼神的一般日本人所接受。在这种情况下，儒家神学要素很难弥补天皇所缺失的克里斯玛。这种缺失，在一连串的怨灵作祟事件中显露无遗。过去能够镇抚荒神的天皇，现在竟然连跳梁跋扈的怨灵也无法安抚。恶鬼秽乱后宫故事中，天皇在恶鬼面前的束手无策，更意味着在一般日本人眼中，天皇早已丧失了镇抚荒神的灵力。

为弥补自身克里斯玛的缺失，天皇不得不借助佛教，尤其是充满了咒术与秘仪的密教的超自然力量。这就意味着需要将本由天皇和神祇官所承担的咒术与祭祀职能移交给佛教教团。而这，正是佛教教团为朝廷所尊崇，被赋予镇护国家、统合地方祭祀体系等重要职能的关键所在。

然而，再小的棋子也有自己的意志。随着佛教教团在镇护国家、整合地方祭祀体系过程中，演化成足以与朝廷分庭抗礼的寺社势力，必然会谋求重新定位与皇权的权力关系。这一切都使得掌握祭祀体系的寺社势力与朝廷的关系变得无比微妙。

如同僧人化为恶鬼秽乱后宫故事所隐喻的一样，拥有超自然力量的寺社势力，并非总是扮演皇权的守护者，也有可能化身为反体制的存在。虽然在这则故事中，比叡山延历寺的台密僧侣坚定不移地捍卫了皇权的尊严，履行了朝廷所赋予的镇护国家职责，但是，在权力与利益的诱惑下，"捍卫者"的坚定能维持多久呢？

寺社势力与朝廷博弈的大幕即将被拉开！

参考文献

日文史料

倉野憲司『古事記全註釈』全七巻（三省堂、1973—1980年）

皇学館大学史料編纂所編『続日本紀史料』全二十巻（皇学館大学出版部、1987—2014年）

黒板伸夫、森田悌編『訳注日本史料・日本後紀』（集英社、2003年）

野志隆光[ほか]校注『新釈全訳日本書紀』上巻（講談社、2021年）

國史大系編修会編『日本書紀』前篇・後篇（吉川弘文館、2000年）

國史大系編修会編『日本三代実録』（吉川弘文館、2000年）

経済雑誌社編「日本紀略」（『國史大系』第五巻、経済雑誌社、1901年）

経済雑誌社編「日本逸史・扶桑略記」（『國史大系』第六巻、経済雑誌社、1901年）

中野幡能編『宇佐神宮史』史料篇巻一（宇佐神宮庁、1984年）

二葉憲香編『史料日本仏教』（永田文昌堂、1971年）

佐竹昭広[ほか]校注『万葉集』（岩波書店、2013年）

伊達光美『日本宗教制度史料類聚考』（臨川書店、1974 年）

大阪狭山市教育委員会教育部歴史文化グループ市史編さん担当編集『行基資料集』（2016 年）

中文著作

毗耶娑:《摩诃婆罗多》,金克木、黄宝生等译,中国社会科学出版社,2005 年。

《圣经和合本（修订版）》,香港圣经公会编译,香港圣经公会,2011年。

《吉尔伽美什》,赵乐甡译,译林出版社,2018 年。

米尔恰·伊利亚德:《宗教思想史》,晏可佳等译,上海社会科学院出版社,2004 年。

麦克尼尔:《瘟疫与人》,杨玉龄译,天下远见出版股份有限公司,2004 年。

蚁垤:《罗摩衍那》,季羡林译,译林出版社,2002 年。

义江彰夫:《日本的佛教与神祇信仰》,陆晚霞译,商务印书馆,2010年。

河合隼雄:《神话与日本人的心灵》,王华译,生活·读书·新知三联书店,2018 年。

马克斯·韦伯:《经济与历史 支配的类型》,康乐等译,广西师范大学出版社,2004 年。

马克斯·韦伯:《宗教社会学》,康乐等译,广西师范大学出版社,2005 年。

托马斯·霍布斯:《贝希摩斯：英国内战缘由史》,李石译,北京大学出版社,2019 年。

孙英刚:《神文时代：谶纬、术数与中古政治研究》,上海古籍出版社，2015 年。

王章伟：《村巫社觋：宋代巫觋信仰研究》，中西书局，2021 年。

石刚：《走向世俗：中古时期的佛教传播》，社会科学文献出版社，
2021 年。

汤因比：《历史研究》，郭小凌等译，上海人民出版社，2010 年。

日文著作

瀧音能之『風土記と古代の神々』（平凡社、2019 年）

上田正昭［ほか］編『三輪山の神々』（学生社、2003 年）

大神神社編『古代ヤマトと三輪山の神』（学生社、2013 年）

倉野憲司『日本神話』（河出書房、1952 年）

大脇由紀子『日本神話とギリシア神話：徹底比較』（明治書院、
2010 年）

吉田敦彦『日本神話の深層心理』（大和書房、2012 年）

中村英重『古代氏族と宗教祭祀』（吉川弘文館、2004 年）

大森亮尚『日本の怨霊』（平凡社、2007 年）

渡部育子『郡司制の成立』（吉川弘文館、1989 年）

井上辰雄編『古代東国と常陸国風土記』（雄山閣出版、1999 年）

中西康裕『続日本紀と奈良朝の政変』（吉川弘文館、2002 年）

佐伯有清編『雄略天皇とその時代：古代を考える』（吉川弘文館、
1988 年）

佐伯有清『日本古代の政治と社会』（吉川弘文館、1978 年）

佐伯有清『日本古代氏族の研究』（吉川弘文館、1985 年）

遠藤みどり『日本古代の女帝と譲位』（塙書房、2015 年）

二葉憲香『日本古代仏教史の研究』（永田文昌堂、1984 年）

二葉憲香『古代仏教思想史研究』（永田文昌堂、1962 年）

山本崇編集『考証日本霊異記』上（法藏館、2015 年）

山本崇編集『考証日本霊異記』中（法藏館、2018 年）

津田左右吉『古事記及び日本書紀の研究』（毎日ワンズ、2020 年）

津田左右吉『神代史の研究』（岩波書店、1924 年）

津田左右吉『日本上代史研究』新版（岩波書店、1979 年）

上杉和彦編『経世の信仰・呪術』（竹林舎、2012 年）

安田政彦編『自然災害と疾病』（竹林舎、2017 年）

中野幡能編『宇佐神宮の研究』（国書刊行会、1995 年）

安本美典『神武東遷』（徳間書店、1988 年）

安本美典『大和朝廷の起源：邪馬台国の東遷と神武東征伝承』（勉
誠出版、2005 年）

安本美典『日本の建国：神武天皇の東征伝承・五つの謎』（勉誠出
版、2020 年）

宮井義雄『日本神話の世界の形成』（春秋社、1992 年）

宮井義雄『神武天皇考』（成甲書房、1982 年）

志田諄一『古代氏族の性格と伝承』（雄山閣、1985 年）

吉永匡史『律令国家の軍事構造』（同成社、2016 年）

酒向伸行『憑霊信仰の歴史と民俗』（岩田書院、2013 年）

黛弘道『律令国家成立史の研究』（吉川弘文館、1982 年）

井上光貞『日本古代の国家と仏教』（岩波書店、1971 年）

井上光貞『日本国家の起源』（岩波書店、1960 年）

石母田正『日本の古代国家』（岩波書店、1971 年）

直木孝次郎『神話と古事記・日本書紀』（吉川弘文館、2008 年）

田中卓「神話と史実」（『田中卓著作集』1、国書刊行会、1986 年）

田中卓「日本国家の成立と諸氏族」（『田中卓著作集』2、国書刊行
会、1986 年）

田中卓「邪馬台国と稲荷山刀銘」（『田中卓著作集』3、国書刊行会、

1985 年）

田中卓「壬申の乱とその前後」（『田中卓著作集』5、国書刊行会、
　1985 年）

田中卓「住吉大社神代記の研究」（『田中卓著作集』7、国書刊行会、
　1986 年）

田中卓「私の古代史像」（『田中卓著作集』11-Ⅱ、国書刊行会、
　1998 年）

田中卓「古代の住吉大社」（『続田中卓著作集』2、国書刊行会、
　2012 年）

田中卓「日本建国史と邪馬台国」（『続田中卓著作集』4、国書刊行
　会、2012 年）

竹内理三「奈良朝時代に於ける寺院経済の研究」（『竹内理三著作
　集』1、角川書店、1998 年）

竹内理三「日本上代寺院経済史の研究」（『竹内理三著作集』2、角
　川書店、1998 年）

竹内理三「日寺領荘園の研究」（『竹内理三著作集』3、角川書店、
　1998 年）

竹内理三「荘園史研究」（『竹内理三著作集』7、角川書店、1998 年）

竹内理三「古代中世の課題」（『竹内理三著作集』8、角川書店、
　2000 年）

関晃「大化改新の研究」上（『関晃著作集』1、吉川弘文館、1996 年）

関晃「大化改新の研究」下（『関晃著作集』2、吉川弘文館、1996 年）

関晃「古代の帰化人」（『関晃著作集』3、吉川弘文館、1996 年）

関晃「日本古代の国家と社会」（『関晃著作集』4、吉川弘文館、
　1997 年）

関晃「日本古代の政治と文化」（『関晃著作集』5、吉川弘文館、
　1997 年）

上田正昭「古代国家論」(『上田正昭著作集』1、角川書店、1998 年)

上田正昭「古代国家と宗教」(『上田正昭著作集』3、角川書店、1998 年)

上田正昭「日本神話論」(『上田正昭著作集』4、角川書店、1998 年)

上田正昭「古代学の展開」(『上田正昭著作集』8、角川書店、1999 年)

安田元久『日本荘園史概説』(吉川弘文館、1957 年)

中山太郎『日本巫女史』(国書刊行会、2012 年)

下向井龍彦「武士の成長と院政」(『講談社 日本の歴史』7、講談社、2001 年)

野田嶺志『日本古代軍事構造の研究』(塙書房、2010 年)

西岡虎之助『荘園史の研究』上巻 (岩波書店、1953 年)

小松和彦『神々の精神史』(講談社、1997 年)

阿部武彦『氏姓』(至文堂、1960 年)

新村拓『古代医療官人制の研究：典薬寮の構造』(法政大学出版局、1983 年)

村山修一『変貌する神と仏たち：日本人の習合思想』(人文書院、1990 年)

村山修一『比叡山史：闘いと祈りの聖域』(東京美術、1994 年)

村山修一編『天神信仰』(雄山閣出版、1983 年)

村山修一『修験の世界』(人文書院、1992 年)

村山修一『山伏の歴史』(塙書房、1970 年)

湯浅泰雄『日本古代の精神世界：歴史心理学的研究の挑戦』(名著刊行会、1990 年)

西本昌弘『桓武天皇』(山川出版社、2013 年)

西本昌弘『飛鳥・藤原と古代王権』(同成社、2014 年)

西本昌弘『早良親王』(吉川弘文館、2019 年)

三品彰英『建国神話論考』（目黒書店、1937 年）

前川明久『日本古代氏族と王権の研究』（法政大学出版局、1986 年）

黛弘道編『蘇我氏と古代国家：古代を考える』（吉川弘文館、1991
年）

黛弘道『物部・蘇我氏と古代王権』（吉川弘文館、1995 年）

黛弘道『古代学入門』（筑摩書房、1983 年）

日野昭『日本古代氏族伝承の研究』（永田文昌堂、1971 年）

黒住真など『日本思想史講座』1 古代（ぺりかん社、2012 年）

小林宣彦『律令国家の祭祀と災異』（吉川弘文館、2019 年）

大津透「神話から歴史へ」（『天皇の歴史』1、講談社、2011 年）

吉川真司「聖武天皇と仏都平城京」（『天皇の歴史』2、講談社、
2011 年）

国立歴史民俗博物館編『桓武と激動の長岡京時代』（山川出版社、
2009 年）

先﨑武『検証「日本書紀・続日本紀」考証「将門記」』（中央公論事
業出版、2018 年）

渡辺勝義『鎮魂祭の研究』（名著出版、2012 年）

仁藤敦史『古代王権と支配構造』（吉川弘文館、2012 年）

加藤謙吉『蘇我氏と大和王権』（吉川弘文館、1983 年）

原田敏明『宗教神祭』（岩田書院、2004 年）

柴田實編『御霊信仰』（雄山閣出版、1984 年）

下川耿史『盆踊り：乱交の民俗学』（作品社、2011 年）

山田雄司『怨霊とは何か：菅原道真・平将門・崇徳院』（中央公論
新社、2014 年）

山田雄司『怨霊・怪異・伊勢神宮』（思文閣出版、2014 年）

山田雄司『跋扈する怨霊：祟りと鎮魂の日本史』（吉川弘文館、
2007 年）

山内節『増補　共同体の基礎理論』（農山漁村文化協会、2015 年）

井上幸治『桓武天皇と平安京』（八木書屋、2012 年）

土屋詮教『日本宗教史』（クレス出版、2016 年）

朝尾直弘等編『岩波講座　日本歴史』2（岩波書店、1975 年）

中村啓信監修・訳注『風土記――現代語訳付き』（角川書店、2015 年）

大津透編「古代天皇制を考える」（『講談社　日本の歴史』8、講談社、2001 年）

高埜利彦［ほか］編「宗教社会史」（『新体系日本史』15、山川出版社、2012 年）

宮地正人［ほか］編「国家史」（『新体系日本史』1、山川出版社、2006 年）

渡辺尚志［ほか］編「土地所有史」（『新体系日本史』3、山川出版社、2002 年）

水林彪［ほか］編「法社会史」（『新体系日本史』2、山川出版社、2001 年）

田村圓澄『飛鳥仏教史研究』（塙書房、1978 年）

田村圓澄『日本古代の宗教と思想』（山喜房仏書林、1987 年）

田村圓澄『仏教伝来と古代日本』（講談社、1986 年）

田村圓澄『空海：真言密教の求道と実践』（平凡社、1978 年）

田村圓澄『古代日本の国家と仏教：東大寺創建の研究』（吉川弘文館、1999 年）

田村圓澄『飛鳥時代：倭から日本へ』（吉川弘文館、2010 年）

宝賀寿男『「神武東征」の原像』（青垣出版、2006 年）

宝賀寿男『大伴氏：列島原住民の流れを汲む名流武門』（青垣出版、2013 年）

宝賀寿男『中臣氏：卜占を担った古代占部の後裔』（青垣出版、

2014 年）

宝賀寿男『三輪氏：大物主神の祭祀者』（青垣出版、2015 年）

宝賀寿男『物部氏：剣神奉斎の軍事大族』（青垣出版、2016 年）

宝賀寿男『蘇我氏：権勢を誇った謎の古代豪族』（青垣出版、2019 年）

宮島正人『海神宮訪問神話の研究——阿曇王権神話論』（和泉書院、1999 年）

北山茂夫「平安京」（『日本の歴史』4、中公文庫、1973 年）

銭谷武平『役行者伝の謎』（東方出版、1997 年）

曽根正人編『神々と奈良仏教』（雄山閣出版、1995 年）

根本誠二編『奈良時代の僧侶と社会』（雄山閣出版、1994 年）

平岡定海編「行基・鑑真」（『日本名僧論集』第一巻、吉川弘文館、1982 年）

塩入良道編「最澄」（『日本名僧論集』第二巻、吉川弘文館、1982 年）

井上薫編『行基事典』（国書刊行会、1997 年）

高橋政清『神功皇后発掘』（叢文社、1987 年）

速水侑編『民衆の導者——行基』（吉川弘文館、2004 年）

畑井弘『部氏の伝承』（吉川弘文館、1977 年）

頼富本宏『新版 空海と密教——「情報」と「癒し」の扉をひらく』（PHP 研究所、2015 年）

岸俊男教授退官記念会編『日本政治社会史研究』中（塙書房、1984 年）

千田稔『天平の僧行基——異能僧をめぐる土地と人々』（中央公論社、1994 年）

勝浦令子『日本古代の僧尼と社会』（吉川弘文館、2004 年）

高橋美由紀『神道思想史研究』（ぺりかん社、2013 年）

尾留川方孝『古代日本の穢れ・死者・儀礼』（ぺりかん社、2019 年）

三橋正『日本古代神祇制度の形成と展開』（法藏館、2010 年）

井上光貞『日本古代の王権と祭祀』（東京大学出版会、1984 年）

森公章『東アジアの動乱と倭国』（吉川弘文館、2006 年）

中野幡能『八幡信仰史の研究』（吉川弘文館、1981 年）

西郷信綱『神話と国家――古代論集』（平凡社、1977 年）

西郷信綱『古代人と死――大地・葬り・魂・王権』（平凡社、1999 年）

三舟隆之『日本古代の王権と寺院』（名著出版社、2013 年）

三舟隆之『「日本霊異記」説話の地域史的研究』（法藏館、2016 年）

木村茂光『日本初期中世社会の研究』（校倉書房、2006 年）

長谷山彰『日本古代の法と裁判』（創文社、2004 年）

野村忠夫『律令官人制の研究』（吉川弘文館、2013 年）

大事记

神功皇后摄政五十二年	百济近肖古王赠倭王七支刀（造于东晋太和四年，即 369 年）
安康天皇三年	大泊濑幼武皇子在大伴氏与物部氏支持下，诛灭豪族葛城氏，夺取皇位
雄略天皇四年（460 年）	游猎葛城山脉，遇一言主大神
雄略天皇七年	诛灭豪族吉备氏
继体天皇元年（507 年）	继体天皇出越国，于樟叶宫即位
继体天皇六年	大连大伴金村割任那（伽耶）四县于百济
继体天皇七年	百济遣五经博士来日
继体天皇二十二年	遣物部麁鹿火镇压筑紫豪族磐井之乱
钦明天皇十三年（552 年）	百济赠佛像佛经，引发崇佛之争
钦明天皇十四年	百济请求军事支援，派遣医博士、易博士、历博士
钦明天皇二十三年	新罗攻陷任那
敏达天皇八年（579 年）	新罗进献佛像
敏达天皇十三年	苏我马子于石川的宅邸建造佛殿
用明天皇二年（587 年）	丁未之变，苏我氏攻灭物部守屋
崇峻天皇元年（587 年）	苏我氏修建飞鸟寺（法兴寺）
崇峻天皇五年	苏我马子暗杀崇峻天皇。推古天皇即位
推古天皇元年（593 年）	圣德太子摄政
推古天皇八年	派出第一次遣隋使
推古天皇十一年	圣德太子制定《冠位十二阶》
推古天皇十二年	圣德太子制定宪法十七条

推古天皇十五年	派出第二次遣隋使
推古天皇三十年	圣德太子去世
推古天皇三十六年	推古天皇驾崩。苏我虾夷召集诸大夫合议，拥立田村皇子为帝
舒明天皇二年（630年）	第一次遣唐使犬上御田锹出发
皇极天皇二年（643年）	苏我入鹿攻灭圣德太子之子山背大兄王
皇极天皇四年	中大兄皇子和中臣镰足消灭苏我氏，乙巳之变
孝德天皇大化元年（645年）	首次制定年号"大化"，迁都难波
孝德天皇大化二年	大化改新，开始建立律令制度
齐明天皇元年（655年）	皇极天皇重祚为齐明天皇
齐明天皇四年	阿倍比罗夫征讨虾夷
齐明天皇七年	齐明天皇驾崩。中大兄皇子以皇太子身份称制
天智天皇二年（663年）	白村江之战
天智天皇六年	迁都近江大津宫，制定近江令
天智天皇七年	中大兄皇子登基。高句丽灭亡
天智天皇九年	制定庚午年籍
天武天皇元年（672年）	壬申之乱。大海人皇子攻灭大友人皇子，迁都飞鸟净御源宫
天武天皇二年	创设斋宫制度
天武天皇八年	设立僧纲制
天武天皇十年	开始制定律令
天武天皇十一年	行基受度

天武天皇十三年	制定八色之姓
持统天皇三年（689 年）	施行飞鸟净御源令
持统天皇五年	行基于德光禅师处私受具足戒
持统天皇八年	迁都藤原京
文武天皇三年（699 年）	修验道祖师役小角以妖言惑众罪流放伊豆
文武天皇大宝元年（701 年）	推行币帛颁发制度。大宝律令颁布
元明天皇和铜三年（710 年）	迁都平城京
元明天皇和铜五年	《古事记》编成
元明天皇和铜六年	下诏诸令制国编撰《风土记》
元明天皇和铜七年	天皇下诏，广建寺院
元正天皇养老元年（717 年）	朝廷下诏斥责小僧行基及其门徒
元正天皇养老二年	编撰养老律令
元正天皇养老四年	《日本书纪》编成
元正天皇养老七年	颁布三世一身法
圣武天皇神龟四年（727 年）	渤海遣使来朝
圣武天皇神龟六年	长屋王之变。藤原光明子立后
圣武天皇天平七年（735 年）	玄昉携密教经典归日。九州暴发瘟疫（天平大瘟疫）
圣武天皇天平九年	九州疫情传至近畿，官民死伤惨重，朝廷政务停滞
圣武天皇天平十年	朝廷赐行基大德称号
圣武天皇天平十二年	藤原广嗣之乱
圣武天皇天平十三年	颁发设立国分寺诏书。圣武天皇于泉桥院会见行基

圣武天皇天平十五年	圣武天皇发愿营造大佛，迁都恭仁京。颁布垦田永年私财法
圣武天皇天平十七年	行基就任初代大僧正。圣武天皇放弃迁都甲贺
圣武天皇天平十九年	八幡大神降下神谕，愿率众神协力大佛营造
圣武天皇天平胜宝元年（749年）	圣武天皇退位，行基为圣武上皇、光明子皇太后授戒。行基圆寂。东大寺大佛建成，八幡大神进京礼佛
孝谦天皇天平宝字元年（757年）	橘奈良麻吕之乱
淳仁天皇天平宝字三年	大伴家持编撰《万叶集》
淳仁天皇天平宝字五年	僧人道镜受宠于孝谦天皇
淳仁天皇天平宝字七年	多度大神降下渴望皈依佛门神谕
淳仁天皇天平宝字八年	藤原仲麻吕之乱。孝谦上皇重祚为称德天皇
称德天皇天平神护元年（765年）	道镜就任太政大臣禅师
称德天皇天平神护二年	道镜就任法王
称德天皇神护景云元年（767年）	最澄诞生
称德天皇神护景云二年	石上宅嗣创立艺亭
称德天皇神护景云三年	八幡宇佐宫神谕事件
称德天皇神户景云四年	称德女帝病故，道镜失势
光仁天皇宝龟四年（773年）	巫蛊之祸。井上内亲王与他户亲王被废为庶人
光仁天皇宝龟五年	空海诞生
光仁天皇宝龟六年	井上内亲王与他户亲王死亡

光仁天皇宝龟八年	天变地异，光仁天皇与皇太子山部亲王患病，传为井上内亲王怨灵作祟
桓武天皇延历元年（782 年）	冰上川继事件，天武天皇一系被肃清
桓武天皇延历三年	短暂定都长冈京
桓武天皇延历四年	藤原种继暗杀事件，皇太子早良亲王受牵连，绝食而死
桓武天皇延历七年	最澄兴建比叡山延历寺。多度大社神宫寺建成
桓武天皇延历八年	多位皇族病故，传为早良亲王怨灵作祟
桓武天皇延历十一年	皇太子久病，阴阳寮占卜结果为早良亲王作祟所致。除陆奥、出羽、佐渡、西海道诸国外，诸令制国废军团制行健儿制
桓武天皇延历十三年	迁都平安京
桓武天皇延历十六年	征夷大将军坂上田村麻吕镇压虾夷。《续日本纪》成书
桓武天皇延历十九年	富士山大喷发，朝廷追赠早良亲王崇道天皇封号
桓武天皇延历二十三年	最澄、空海入唐
桓武天皇延历二十四年	朝廷赦免所有卷入藤原种继暗杀事件之人。最澄归来
平城天皇大同元年（806 年）	空海归来
平城天皇大同二年	伊予亲王与其母藤原吉子被污谋反，绝食而亡
嵯峨天皇大同五年	藤原药子之变

嵯峨天皇弘仁六年（815 年）	《新撰姓氏录》编成
嵯峨天皇弘仁七年	设检非违使。空海于高野山开创金刚峰寺（东密）
嵯峨天皇弘仁十一年	施行弘仁格式
嵯峨天皇弘仁十二年	藤原冬嗣创立劝学院
嵯峨天皇弘仁十三年	景戒编撰《日本国现报善恶灵异记》
淳和天皇天长三年（826 年）	上总、常陆、下野三国施行亲王任国
淳和天皇天长五年	空海创立综艺种智院
淳和天皇天长十年	编注《令义解》
仁明天皇承和五年（838 年）	最后一次遣唐使（藤原常嗣、圆仁）
仁明天皇承和七年	《日本后纪》编撰完成
仁明天皇承和九年	承和之变
仁明天皇嘉祥四年（851 年）	朝廷对所有神社进行叙位
清和天皇贞观四年（862 年）	采用宣明历
清和天皇贞观五年	朝廷举办祭祀早良亲王等怨灵的御灵会
清和天皇贞观六年	富士山大爆发
清和天皇贞观八年	应天门之变，藤原良房摄政，开非皇族摄政先例
清和天皇贞观十三年	贞观格式编撰完成
阳成天皇元庆三年（879 年）	《日本文德天皇实录》编成
阳成天皇元庆四年	藤原基经就任太政大臣
阳成天皇元庆五年	在原行平创立奖学院
阳成天皇元庆八年	阳成天皇在藤原基经逼迫下退位
宇多天皇仁和三年（887 年）	"阿衡事件"

宇多天皇宽平元年（889 年）	皇族高望王降为臣籍，赐姓平，赴任关东
宇多天皇宽平四年	修撰《日本三代实录》，菅原道真修撰《类聚国史》
宇多天皇宽平五年	币帛颁发制度崩坏
宇多天皇宽平六年	菅原道真上奏终止遣唐使
醍醐天皇昌泰四年（901 年）	昌泰之变，菅原道真左迁太宰府，藤原时平大权独揽
醍醐天皇延喜二年（902 年）	颁布延喜庄园整理令，律令制度开始崩坏
醍醐天皇延喜三年	菅原道真去世
醍醐天皇延喜九年	藤原时平去世，传为菅原道真怨灵作祟所致
醍醐天皇延喜十四年	三善清行请求朝廷整理土地，上奏《意见十二箇条》
醍醐天皇延喜二十三年（923 年）	故菅原道真官复右大臣，追赠正二位
醍醐天皇延长五年（927）	《延喜式》编撰完成
醍醐天皇延长八年	清凉殿落雷事件，醍醐天皇退位后去世，传为道真怨灵作祟所致
朱雀天皇承平五年（935 年）	平将门攻杀伯父平国香，平将门之乱开始
朱雀天皇天庆二年（939 年）	平将门自立新皇，任命关八州官员
朱雀天皇天庆三年	平将门战死
朱雀天皇天庆四年	藤原纯友兵败身死

朱雀天皇天庆五年	道真怨灵降下神谕，要求修建神社祭祀
朱雀天皇天庆八年	志多罗神入京事件
朱雀天皇天庆九年	比良神宫祢宜神种良与朝日寺僧侣合力建造祭祀道真怨灵的北野天满宫
村上天皇天德三年（959 年）	右大臣藤原师辅向北野天满宫寄赠宅邸
冷泉天皇安和二年（969 年）	藤原伊尹发动"安和之变"，左大臣源高明左迁太宰府，藤原氏完全支配体制成立
圆融天皇天禄元年（970 年）	平安京举行第一次祇园祭
一条天皇永延元年（987 年）	朝廷于北野天满宫举行敕祭，正式认可北野天满宫官社地位
一条天皇永祚二年（989 年）	藤原遵子封皇后，藤原定子封中宫，皇后·中宫并立制成立
一条天皇正历四年（993 年）	朝廷遣使追封菅原道真为正一位左大臣
	朝廷追封菅原道真为正一位太政大臣
一条天皇长德元年（995 年）	长德之变

后记

本书的创作契机，始于 2020 年我和赵路的一次闲聊。当时国内刚掀起译介日本史学著作的热潮不久，以《讲谈社·日本的历史》为代表的一批经典日本史学著作被引入国内。再加上前几年出版的不少日本史学著作，可以说国内在通识层面的日本史学著作的出版与译介上，已经进入一个全新的阶段。然而，迄今为止国内出版与引进的日本史学著作虽为数不少，但关于政治与宗教的关系，尤其是探讨日本史料所记载的怪异事件中蕴含的政治逻辑的著作却少之又少，不得不说是一大憾事。长年对日本历史的学习，使我深感看似荒诞不经的怪异事件，对于理解日本古代社会的政治逻辑乃至历史建构有着至关重要的作用。而赵兄以其长期从事宗教、民俗、占星研究的经验，肯定了我的想法，并愿意予以大力支持。于是我俩便决定进行这样一场大胆的尝试。

而这本书之所以能够面世，首先要感谢李森编辑。在这段时间内，他把这本书当成了自己的作品一样认真、负责，还给了我们两人很多建议。其次要感谢出版社的朋友们，能够对这本书涉及的主题感兴趣。

坦率地说，由于我主要关注的是日本近代史，对日本古代史虽有所涉猎，但很难说得上精通，故而一开始对能不能完成此书，是非常忐忑不安的。在史学研究日益精细化的今天，治近史者不治古史、修古史者不涉近代几成通例。以治近代史为主的笔者贸然涉足古代史，无疑是一种僭越。然中央党校的林晓光教授却告诫我，通古今之变，乃太史公所倡导，为我中华历代史家孜孜以求之事，切不可抱门户之见而固步自封。由此坚定了我将书写完的决心。

在本书写作过程中，我们获得了关西大学西本昌弘教授与富山大学铃木景二教授的不少宝贵建议，甚至得到了日本国立民族学博物馆名誉教授中牧弘允先生的鼓励。可以说，正是这几位日本古代史与宗教史的专家学者的鼓励与支持，才让我们有了继续写下去的勇气。此外，还要感谢挚友萧西之水与张骁兄在本书写作过程中所提出的建设性批评意见。关西大学的在读博士王书凝女士也在古日语翻译上给予了不少极富建设性的建议。没有这些师友的支持与鼓励，本书的完成是难以想象的。

我们这本书旨在透过一个微观的视角，为大家理清一些日本史的迷雾，其中一些中日之间的对比表明，日本受中国文化影响很大，但两国之间有着根本性、器质性的不同。我们无意颠覆过去的史观，只想实事求是地论证一些事实。如果遇见有建设性的批评意见，我们会非常感激。

本书是我们这个系列的第一本。各位的讨论和意见至关重要，有助于我们写好其他三本。

同时，我们还要对为本书作序的林晓光、刘根勤二位老师表示感谢。

最后，衷心祝愿大家阅读愉快。